Guide du débutant

Mes premiers documents avec WORD

Françoise Flamand

CampusPress

Publié par CampusPress
47 bis, rue des Vinaigriers
75010 Paris
01 72 74 90 00

Maquette : Sampeur !

Auteur : Françoise Flamand
ISBN : 2-7440-1985-2

SOMMAIRE

PRÉSENTATION

.... VI

1

DÉMARRER ET ÉTUDIER LA FENÊTRE DE WORD

Démarrer Word 2
Les différents modes d'affichage 9

2

SAISIR LE TEXTE

La saisie de texte 14
Le déplacement du point d'insertion 17
Sélection de texte 18
Correction du texte 21

3

GÉRER SES DOCUMENTS

Enregistrer un document 24
Fermer et quitter 25
Ouvrir un document existant 27
Créer un nouveau document 28

4

MANIPULER DU TEXTE

Copier du texte 30
Déplacer du texte 33
Rechercher/remplacer du texte 36
Annuler la ou les dernières commandes 39
Rétablir ce que vous venez d'annuler 40
Répéter la dernière opération 40

5

MISE EN FORME DES CARACTÈRES

Mise en forme des caractères 42
Pour aller plus loin 45

6

ALIGNEMENTS ET RETRAITS DE PARAGRAPHE

Modifier l'alignement des paragraphes 50
Définir des retraits 52
Aller plus loin 57

7

NUMÉROTER UNE LISTE

Insérer un numéro devant chaque paragraphe 60
Insérer une puce devant chaque paragraphe 61

8

RÉALISER DES BORDURES ET DES TRAMES DE FOND

Les bordures de texte 66
Les bordures de paragraphe 68
Les bordures de page 70

9

ALIGNER GRÂCE AUX TABULATIONS

Choisir l'alignement et l'emplacement des tabulations 74
Utiliser des tabulations 76
Modifier, déplacer ou supprimer des tabulations 78

10

RÉALISER DES TABLEAUX

Insérer un tableau 84
Se déplacer dans un tableau et sélectionner 87
Insérer des lignes, des colonnes et des cellules 89
Supprimer des lignes, des colonnes et des cellules 91
Mise en forme dans les cellules et alignement des décimales 93

Largeur des colonnes et hauteur des lignes 96
Encadrement des cellules 102
Fusionner/fractionner des cellules 104
Déplacer/redimensionner un tableau 105
Répéter les titres sur chaque page 106

11 MAÎTRISER LES DOCUMENTS LONGS

Déplacer le point d'insertion dans le document 108
Insérer un saut de page manuel 109
Numéroter les pages 111
Les en-têtes et les pieds de page 112

12 INSÉRER DES IMAGES

Insérer une image 118
Changer la taille, habiller et déplacer l'image 120
Modifier/supprimer une image 122

13 RÉALISER UN DESSIN

Insérer une zone de texte ou une forme 126
Modifier/supprimer une zone de texte ou une forme 129
Modifier les couleurs d'un objet 132
Texte fantaisie avec WordArt 136

14 MISE EN PAGE ET IMPRESSION

Mise en page 144
Impression 145

PRÉSENTATION

Word est un logiciel de traitement de texte. Au lieu de taper votre texte sur des feuilles, vous disposez d'un outil avec lequel vous voyez ce que vous saisissez à l'aide du clavier sur un écran semblable à celui d'un poste de télévision. Ce texte sera modifiable et remaniable à l'infini, ce qui permet d'oublier la gomme, le blanc effaceur, la colle, les ciseaux et bien entendu… la poubelle.

Vous pouvez envoyer et recevoir des courriers électroniques ou e-mails (abréviation d'*electronic mail*, poste électronique) grâce à la messagerie électronique de votre ordinateur. Ces courriers, qui peuvent être accompagnés de photographies et autres documents, arrivent à destination presque instantanément, même si votre correspondant se trouve à l'autre bout de la planète !

Word permet l'exécution de quatre grandes fonctions principales :

- **L'entrée ou la saisie du texte, qui consiste à taper un ensemble de caractères par l'intermédiaire du clavier de l'ordinateur. Cette opération s'effectue sans que vous vous préoccupiez des erreurs pouvant se glisser lors de la frappe, ni de la disposition du texte. La saisie peut également se faire par le transfert d'un texte qui existe déjà dans un autre document ou dans un autre programme.**
- **La modification du texte, qui permet de réaliser des corrections pour aboutir à la version finale. C'est lors de cette étape que le traitement de texte s'avère des plus intéressants. En effet, vous pourrez alors corriger les fautes de frappe, effacer, déplacer ou insérer des caractères, mettre en évidence certaines parties du texte en appliquant des soulignés, des couleurs, des mises en retrait, et bien plus encore.**
- **La sauvegarde vous permet de conserver votre travail, dans le but de l'archiver ou de le reprendre à tout moment pour le finaliser ou le modifier.**
- **La sortie, qui consiste à imprimer votre document sur papier ou à l'expédier par courrier électronique. La sortie ne sera jamais effectuée avant que vous ne le décidiez.**

Un document est constitué de quatre éléments hiérarchiques :

- **Le mot. C'est un groupe de lettres. Deux mots sont séparés par un espace ou un signe de ponctuation.**
- **La phrase. C'est un groupe de mots et de signes de ponctuation. Deux phrases sont séparées par un point (simple, d'interrogation ou d'exclamation).**
- **Le paragraphe. C'est un bloc formé d'une ou de plusieurs phrases. Deux paragraphes sont séparés par un retour à la ligne.**
- **Le document. C'est l'ensemble des paragraphes qui le composent.**

Word est un logiciel destiné aussi bien aux professionnels qu'aux particuliers. C'est un outil idéal pour rédiger facilement vos textes. Par la suite, vous pourrez améliorer leur présentation grâce à ses nombreuses possibilités de mise en forme et de mise en page, notamment avec l'intégration d'images et de dessins.

Ce que vous trouverez dans cet ouvrage

Cet ouvrage se divise en quatorze chapitres.

Le **Chapitre 1** vous permettra de découvrir l'environnement dans lequel vous allez travailler et de repérer les différents éléments qui composent la fenêtre de Word.

Le **Chapitre 2** vous aidera dans la phase essentielle du traitement de texte : la saisie de votre document.

Avec le **Chapitre 3**, vous apprendrez comment sauvegarder votre travail pour pouvoir le reprendre lorsque vous le souhaiterez.

Au **Chapitre 4,** vous découvrirez comment gagner du temps lorsque vous désirez apporter des modifications à votre document, ou lorsque vous voulez retrouver rapidement une partie du texte. Apprenez aussi à annuler une opération en un seul clic. Vous devez faire de façon répétitive une commande fastidieuse ? Vous découvrirez comment la mettre en œuvre en appuyant simplement sur une touche du clavier.

Le **Chapitre 5** vous semblera certainement très agréable. Vous allez y apprendre comment enrichir certains caractères en changeant leur forme, leur taille et/ou leur couleur.

Le **Chapitre 6** vous montrera comment modifier l'alignement ou effectuer des retraits sur vos paragraphes.

Avec le **Chapitre 7**, vous étudierez une autre possibilité que vous offre Word : numéroter automatiquement une liste ou insérer un caractère spécial devant chaque paragraphe.

Le **Chapitre 8** vous montrera comment réaliser de jolies bordures autour d'un texte, d'un titre ou d'une page.

Au **Chapitre 9**, vous découvrirez comment utiliser des tabulations pour aligner verticalement des éléments appartenant à différentes lignes.

Avec le **Chapitre 10**, vous allez comprendre comment réaliser facilement un tableau dans Word. Vous étudierez aussi toutes les méthodes vous permettant de le modifier.

Si vous concevez de longs documents, le **Chapitre 11** vous aidera à gérer les sauts de page, à numéroter les pages automatiquement et à créer des en-têtes et/ou des pieds de page.

Le **Chapitre 12** vous fera découvrir un des aspects les plus agréables du logiciel : l'insertion d'images. Vous verrez également comment les déplacer, les redimensionner et les modifier.

Le **Chapitre 13** vous fera découvrir toutes les possibilités qu'offre la barre d'outils Dessin.

Enfin, le **Chapitre 14** va vous guider dans la phase finale de votre travail : l'impression de votre document.

Conventions d'écriture

Le temps moyen nécessaire à l'exécution de chaque atelier est représenté par un pictogramme.

Vous trouverez également, dans les ateliers, divers bandeaux colorés.

Sans renier l'aspect pratique du livre, les bandeaux de couleur orange abordent des points plus théoriques qui vous permettent de comprendre certaines problématiques informatiques.

Les bandeaux de couleur violette vous proposent d'aller plus loin que les ateliers auxquels ils se rapportent.

Enfin, les bandeaux de couleur verte donnent des conseils pratiques ou éclaircissent certains points pour vous aider à mieux comprendre une technique.

Même si quelques termes techniques sont parfois nécessaires, les ouvrages de cette collection recourent autant que possible aux mots de tous les jours. Ainsi, même si vous débutez, vous serez à même de comprendre tous les sujets abordés.

Lorsqu'un mot technique est utilisé, il apparaît en violet et sa signification est indiquée dans une note en gras, précédée de ce pictogramme qui représente un point d'interrogation.

DÉMARRER ET ÉTUDIER LA FENÊTRE DE WORD

1

Le logiciel de traitement de texte Word peut être lancé de plusieurs façons. Dans ce chapitre, vous allez étudier ces différentes méthodes, et découvrir l'environnement de travail. Vous pourrez vous familiariser avec les fonctions propres à Word, mais ne vous inquiétez pas ; il n'est pas nécessaire de maîtriser ou d'appliquer dès le début les conseils donnés. Il s'agit plus, ici, d'apprivoiser l'espace de travail et, éventuellement, de le personnaliser lorsque vous vous sentirez plus sûr de vous. Si vous souhaitez commencer tout de suite avec le traitement de texte, vous pouvez conserver les paramètres initiaux et lire le Chapitre 2 une fois que vous aurez démarré Word.

DÉMARRER WORD

Naturellement, il faut que votre ordinateur soit allumé. Une fois que c'est fait, plusieurs techniques permettent de démarrer ou, comme on dit plus fréquemment, de *lancer* Word :

1 Avec le menu Démarrer

S'il n'y a pas d'**icône** sur le **Bureau**, vous devez lancer Word en utilisant le **menu** Démarrer :

Le bureau est l'écran qui s'affiche au démarrage de votre ordinateur et à partir duquel vous accédez aux différents programmes. L'image utilisée ci-contre, en page 3, représente un bureau agrémenté d'un fond d'écran ; cela fait partie des options dont vous disposez pour personnaliser votre environnement de travail.

Une icône est une petite image symbolique sur l'écran, qui représente une fonction ou un programme auxquels elle permet d'accéder par un simple clic de souris.

Un menu est une liste qui regroupe les commandes par « familles » et y donne accès par un simple clic de souris sur leur nom. Par défaut, certaines commandes sont masquées ; vous saurez que vous ne voyez pas le menu en entier si, en bas, vous voyez deux petites flèches. Cliquez dessus pour avoir le menu complet. Vous pouvez aussi double-cliquer sur le menu, cela l'affiche en entier. Enfin, si vous laissez votre pointeur quelques secondes sur le menu, les options masquées s'afficheront.

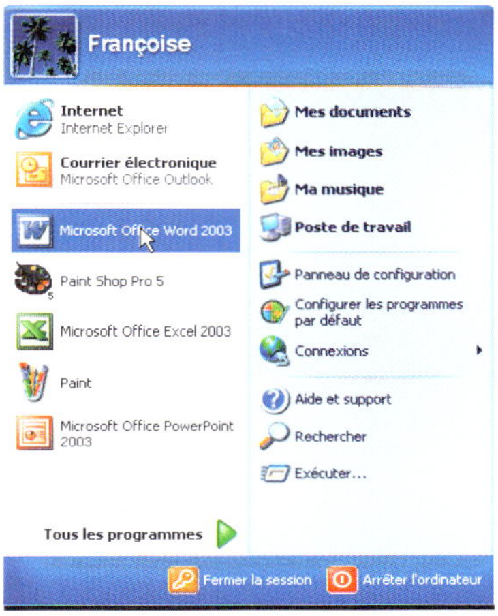

1. **Cliquez** sur le bouton Démarrer, à gauche de la **barre des tâches**.

Cliquer consiste à appuyer brièvement sur un bouton de la souris (quand ce n'est pas précisé, il s'agit du bouton gauche). Grâce à la souris, vous agissez directement à l'écran *via* un « **pointeur** » (petite flèche blanche). Il suffit de bouger la souris sans la soulever pour voir où se trouve le pointeur à l'écran ; une fois que le pointeur est correctement positionné, sur une commande ou un bouton par exemple, cliquez pour valider votre choix.

2. Cliquez sur Microsoft Office Word 2003.

   Si cette icône n'apparaît pas dans le menu Démarrer, déplacez le **pointeur** sur Tous les programmes, puis cliquez sur Microsoft Office Word.

Placée en général dans la partie inférieure du **Bureau** (c'est-à-dire en bas de votre écran), la **barre des tâches** affiche en permanence le menu Démarrer et le nom des fenêtres et des programmes ouverts. Vous pouvez également y afficher la barre de lancement rapide : cliquez avec le bouton droit de la souris sur une partie vide de la barre des tâches, déplacez le pointeur sur Barres d'outils et cliquez sur Lancement rapide.

Vous pouvez aussi faire apparaître l'icône de Word dans la barre de lancement rapide : sélectionnez l'icône du Bureau et faites-la glisser sur cette barre qui présente une rangée d'icônes au bas de l'écran. Pour cela, cliquez (toujours du bouton gauche), maintenez le bouton de la souris enfoncé et déplacez la souris en même temps. Une fois que le pointeur se trouve sur le Bureau, relâchez le bouton de la souris. Vous pourrez alors lancer Word en faisant un simple clic sur cette icône.

2 Avec une icône du Bureau

Si une icône est placée sur le Bureau, vous pouvez lancer Word plus rapidement. Il suffit de double-cliquer (cliquer deux fois très vite) sur cette icône. Elle représente un W bleu. Si cette dernière n'apparaît pas, procédez comme suit :

1. Cliquez sur le bouton Démarrer, puis déplacez la souris sur Tous les programmes (ou Programmes).
2. Cliquez avec le bouton droit de la souris sur Microsoft Word, déplacez le pointeur sur Envoyez vers dans le menu qui s'affiche, puis sélectionnez Bureau (créer un raccourci).

Une fenêtre, en informatique, c'est tout simplement un espace rectangulaire affiché sur l'écran de l'ordinateur. Dans le cas d'un logiciel comme Word, la fenêtre comprend des zones de commandes en haut et en bas et un large espace de saisie central, blanc, que vous pouvez considérer comme une feuille de papier.

3 Description de la fenêtre de Word

La **fenêtre** de Word est composée de plusieurs éléments :

a. La barre de titre. Située en haut de la fenêtre, elle comprend le nom du document en cours et le nom du programme : Microsoft Word.

b. La barre des menus. Elle donne accès aux commandes du logiciel Word.

c. Les barres d'outils. Elles facilitent l'accès aux commandes les plus courantes.

d. La règle. Elle permet le repérage et la modification de certains éléments de mise en forme et de mise en page. Repérez aussi, à gauche de l'écran, la règle verticale (utilisée moins souvent).

e. La barre d'état. Elle fournit des renseignements sur l'état actuel de votre document.

f. La barre de défilement verticale. Elle permet de faire défiler le texte vers le bas ou vers le haut en utilisant la souris.

g. La barre de défilement horizontale. Elle permet de faire défiler le texte vers la droite ou vers la gauche en utilisant la souris.

h. Le Volet Office. Situé à droite de l'écran, il permet de réaliser certaines tâches ou d'indiquer la mise en forme des caractères.

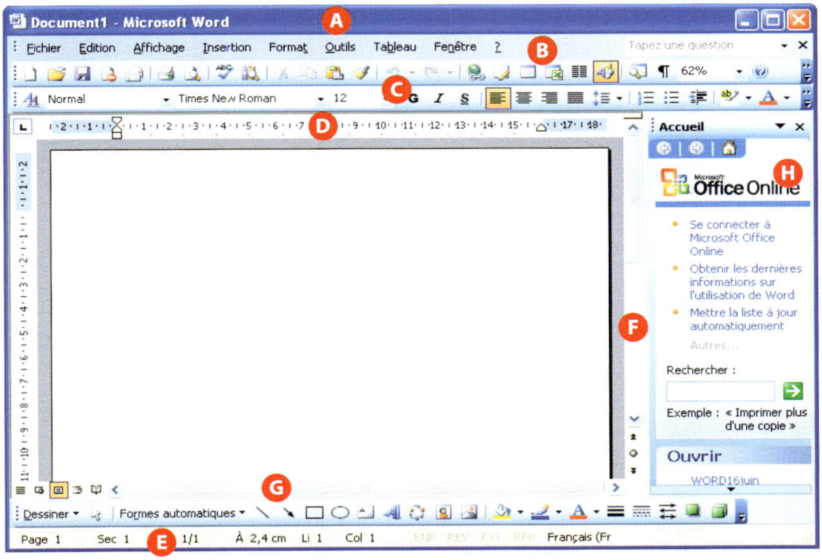

Une autre barre est généralement affichée en bas de l'écran : il s'agit de la barre des tâches de Windows qui permet de gérer les différentes applications.

4 Les boîtes de dialogue

Certaines commandes figurant dans les menus nécessitent que vous fassiez un choix ou que vous saisissiez une information. Dans ce cas, une boîte de dialogue est affichée sur l'écran (ouvrez-en une afin de voir à quoi cela ressemble : par exemple, positionnez le pointeur sur Fichier, cliquez et choisissez Mise en page). Cette boîte contient souvent, dans sa partie supérieure, plusieurs onglets, dont l'apparence imite les petits repères en carton collés sur le bord des pages d'un livre et dépassant de la tranche. Pour passer de l'un à l'autre, il suffit de les activer en cliquant sur leur nom dans la partie supérieure de la boîte de dialogue.
Dans une boîte de dialogue, vous pourrez rencontrer un ou plusieurs des éléments suivants :

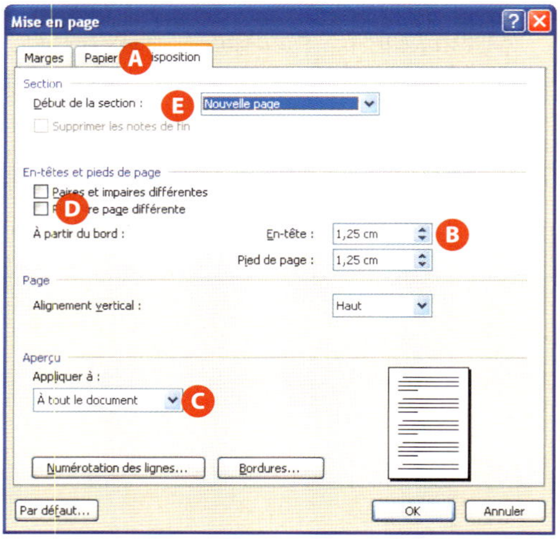

a. Onglet : pour passer d'un élément à l'autre.

b. Zone de saisie incrémentée : tapez un chiffre ou cliquez sur les flèches pour augmenter ou réduire la valeur affichée.

c. Liste déroulante : cliquez sur la flèche pour dérouler la liste, puis cliquez sur l'un de ses éléments pour le sélectionner.

d. Case à cocher : cliquez dessus pour l'activer ou pour la désactiver.

e. Zone de saisie : cliquez dedans et tapez l'information.

5 Les barres d'outils : comment les afficher, les masquer ou les déplacer

Les outils permettent d'exécuter une commande rapidement, sans passer par les menus. Il existe plusieurs barres d'outils dans Word. En général, elles sont affichées horizontalement, en haut ou en bas de l'écran, mais peuvent être aussi affichées verticalement, à gauche ou à droite, ou sous la forme d'une fenêtre flottante (que vous pouvez déplacer).

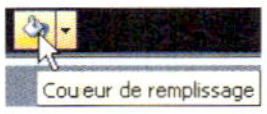

Si vous pointez quelques instants (sans cliquer) un des outils, une **info-bulle** apparaît, donnant une petite explication sur le rôle de cet outil. Si un outil est grisé, c'est que vous n'y avez provisoirement pas accès.

Une info-bulle est une petite zone de texte explicative qui apparaît et disparaît au gré des déplacements du pointeur, sur les outils par exemple (une fois le pointeur positionné sur un outil, patientez trois secondes ; une info-bulle apparaîtra).

Afficher/masquer une barre d'outils

Lorsqu'une barre d'outils que vous souhaitez utiliser n'apparaît pas sur votre écran, vous devez l'afficher. Au contraire, une barre d'outils inutilisée diminue l'espace de travail : vous allez la dissimuler.

1. Cliquez sur le menu Affichage et placez le pointeur sur Barres d'outils.
2. Un sous-menu contenant la liste des barres d'outils apparaît.
3. Cochez ou décochez celle que vous souhaitez afficher ou masquer.

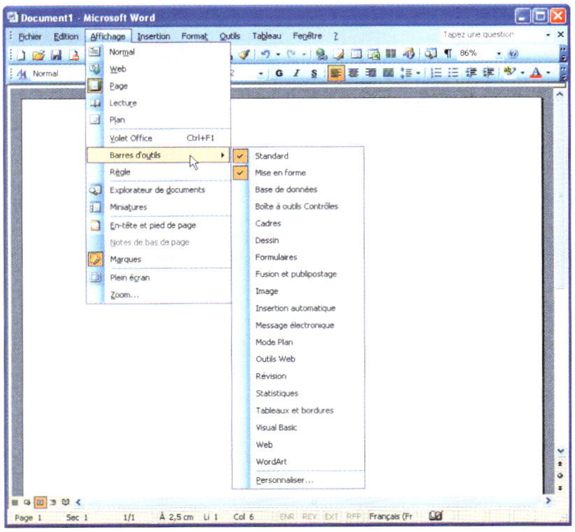

Déplacer une barre d'outils

Lorsqu'une barre d'outils a la forme d'une fenêtre flottante, positionnez le pointeur sur la barre de titre de cette fenêtre, puis cliquez et glissez jusqu'à la position désirée. Si vous ne savez pas comment cliquer et faire glisser un élément, reportez-vous au premier encadré vert de cet ouvrage.

Si la barre d'outils se trouve en haut ou en bas de l'écran, positionnez le pointeur à gauche de celle-ci. Lorsqu'il se transforme en croix fléchée, cliquez-glissez. Pour cela, cliquez (toujours du bouton gauche), maintenez le bouton de la souris enfoncé et déplacez la souris en même temps. Une fois que la barre d'outils se trouve à l'endroit voulu, relâchez le bouton de la souris.

Si la barre d'outils se trouve à gauche ou à droite de l'écran, positionnez le pointeur en haut de celle-ci. Lorsqu'il se transforme, cliquez-glissez.

Pour commencer à travailler dans Word, deux barres d'outils sont nécessaires : la barre d'outils Standard et la barre d'outils Mise en forme.

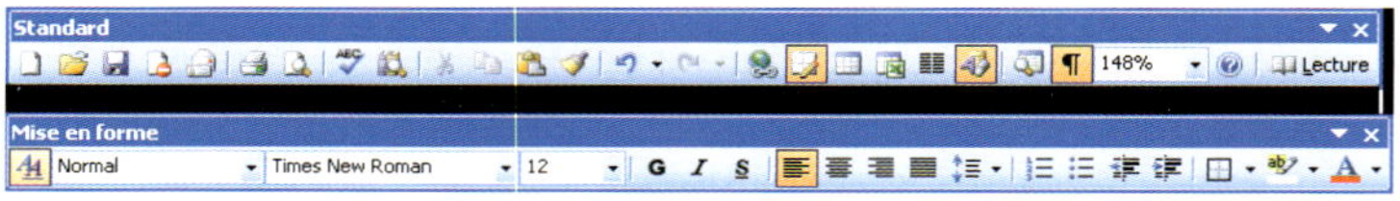

Word vous propose de l'aide *via* le Compagnon Office, petit élément animé qui peut prendre l'aspect d'un trombone, d'un animal, d'une balle sautillante, etc. Vous pouvez faire appel à lui si vous avez une question précise. Ses apparitions étant intempestives, n'hésitez pas à le désactiver s'il vous gêne. Il suffit de placer le pointeur de la souris dessus, de cliquer du bouton droit de la souris et de choisir Masquer dans le menu qui s'affiche. Quand vous voudrez le réactiver, vous cliquerez sur le point d'interrogation dans la barre des menus, puis sur Afficher le Compagnon Office.

6 Le Volet Office

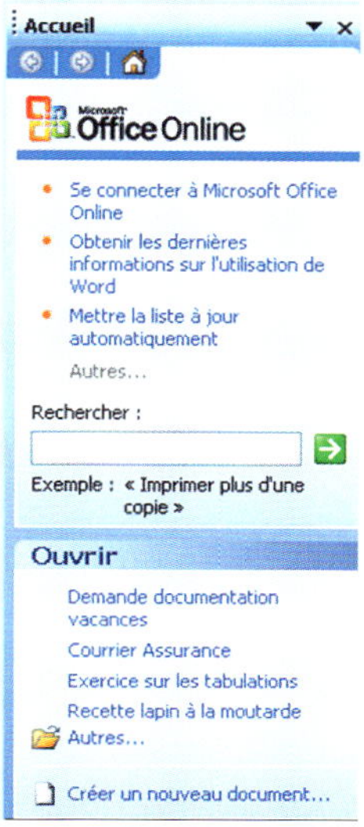

Le Volet Office remplace en quelque sorte certaines boîtes de dialogue utilisées dans les versions plus anciennes de Word.

Le Volet Office apparaît automatiquement au démarrage de Word ou à l'activation de certains menus. Vous pouvez le masquer en cliquant sur sa case de fermeture, la croix placée en haut à droite.

Vous pouvez également afficher ou masquer le Volet Office en cliquant sur le menu Affichage puis sur Volet Office.

Pour parcourir les différents volets, cliquez sur les flèches droite ou gauche en haut du Volet Office, ou sur la flèche orientée vers le bas, à gauche du bouton de fermeture. La liste des différents volets apparaît. Il suffit de cliquer sur le volet désiré. Le nom du volet choisi apparaît alors dans la barre de titre du Volet Office.

LES DIFFÉRENTS MODES D'AFFICHAGE

Dans cet atelier, nous allons passer en revue les différents modes d'affichage autorisés dans Word. Vous disposez en effet de plusieurs possibilités d'affichage, certaines se révélant plus commodes que d'autres, selon ce que vous êtes en train de faire.

1 Modes Normal, Web, Page et Plan

Vous pouvez passer d'un mode à un autre en utilisant le menu Affichage ou grâce aux outils placés à gauche de la barre de défilement horizontale (c'est-à-dire en bas à gauche de votre écran).

- Le mode Normal vous permet de voir les différentes mises en page, mais pas de visualiser la position du texte par rapport à la feuille (les marges du document), l'en-tête et le pied de page, le texte en colonnes, les objets dessinés à l'aide de la barre d'outils Dessin.

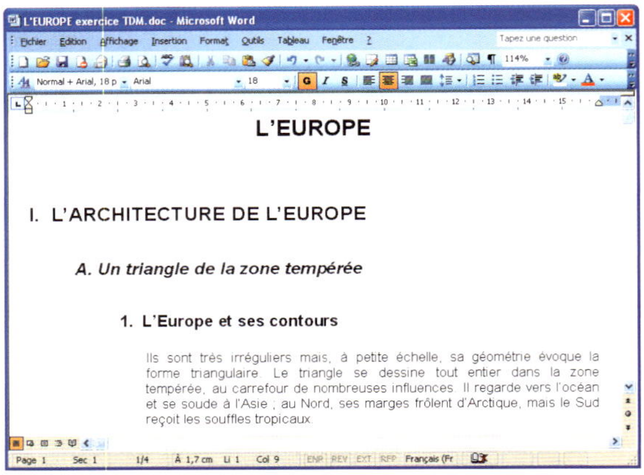

- Le mode Web permet de visualiser votre document tel qu'il serait affiché dans une page Web sur Internet.

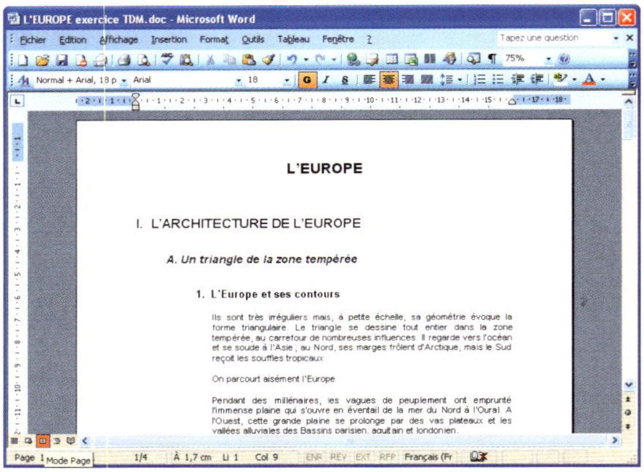

- Le mode Page, le plus couramment utilisé et qui est l'affichage par défaut, vous montre le document avec toutes les mises en page, les marges, les colonnes et les dessins.

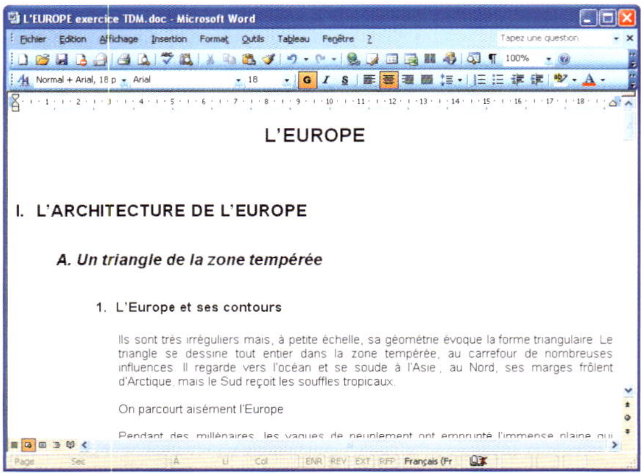

- Le mode Plan est employé pour définir la structure d'un long document et organiser un plan en créant différents niveaux de titres.

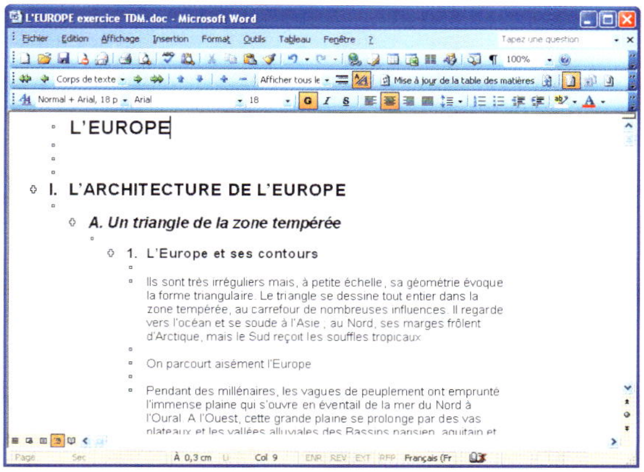

2 Zoom

Quel que soit le mode d'affichage choisi, vous avez la possibilité de réduire ou d'agrandir la taille de votre document à l'écran. Ces modifications n'auront aucune incidence à l'impression.

Première méthode

Vous avez le choix entre les options suivantes.

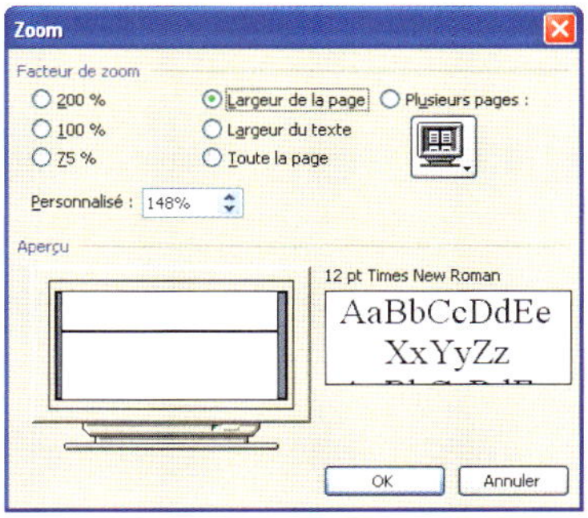

- Cliquez sur le menu Affichage, puis sur Zoom. Choisissez alors un des formats prédéfinis (200%, 75%, 50%) ou saisissez le facteur de zoom dans la zone Personnalisé.
- Cliquez sur Largeur de la page ou Largeur du texte (en mode Page seulement) pour visualiser votre document sur toute la largeur de la page ou des marges.
- Cliquez sur Toute la page (en mode Page seulement) pour visualiser la page entière.
- Cliquez sur Plusieurs pages (en mode Page seulement) puis sur l'icône disposée juste en dessous. Ensuite, cliquez-glissez sur le nombre de pages à afficher.

Seconde méthode

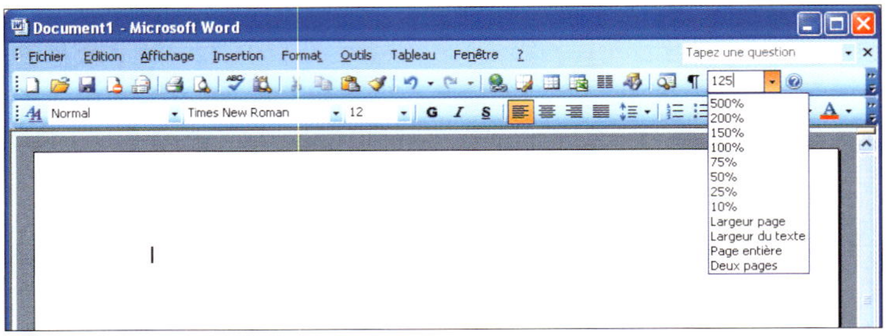

Dans la barre d'outils Standard, cliquez sur la liste déroulante Zoom et choisissez un des formats prédéfinis. Vous pouvez également cliquer dans la zone de texte de cette liste, saisir le pourcentage souhaité et valider en appuyant sur la touche Entrée.

3 *Afficher/masquer les marques non imprimables*

Cliquez dans la barre d'outils Standard sur l'icône Afficher/Masquer pour afficher ou masquer les marques de paragraphe, les espaces, les marques de tabulation, les sauts de page manuels… qui peuvent être visibles ou non sur l'écran, mais qui ne seront pas imprimés. Prenez l'habitude de travailler avec les marques non imprimables affichées, et de les désactiver chaque fois que vous voulez avoir un aperçu du résultat ; cela vous permettra de régler en un clin d'œil bien des problèmes simples, qui sont néanmoins difficiles à repérer quand ces marques sont masquées.

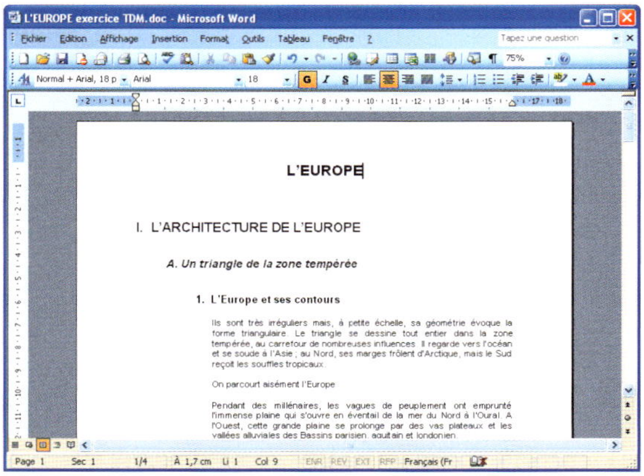

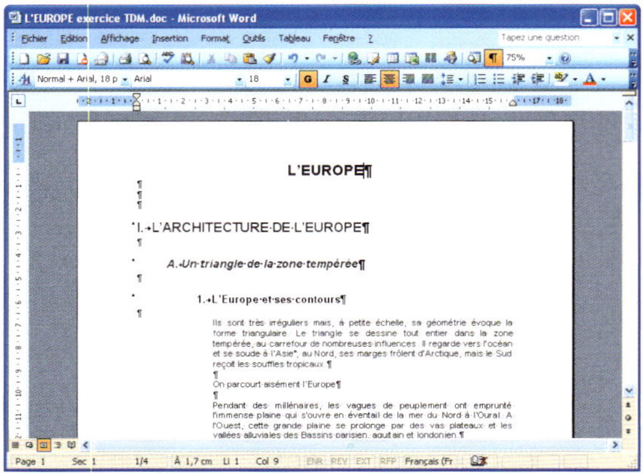

SAISIR LE TEXTE

2

Ce chapitre va vous permettre de vous accoutumer à l'environnement de Word : l'écran, et surtout le clavier. C'est la première phase essentielle, la rédaction de votre document. Il peut s'agir de l'étape la plus laborieuse si vous ne maîtrisez pas bien le clavier.

LA SAISIE DE TEXTE

Dans cet atelier, vous allez vous familiariser avec le **point d'insertion**, les sauts de ligne automatiques ou manuels, ainsi que les fins de paragraphe.

Le point d'insertion (ou curseur) est la barre verticale clignotante qui se trouve en haut et à gauche de la page lorsqu'on vient de démarrer Word. Avant de faire une manipulation dans Word, il est important de regarder où se trouve ce point d'insertion, car l'action demandée s'effectuera à cet endroit.

1 *Saisie*

Le texte que vous saisissez au clavier apparaît devant le point d'insertion, et celui-ci se décale vers la droite au fur et à mesure de la frappe.

2 *Retour à la ligne automatique*

Inutile de vous préoccuper des retours à la ligne. Word gère lui-même les largeurs de ligne en fonction des **marges** ou des **retraits** de paragraphe, et passe à la ligne dès qu'il atteint la marge de droite.

Le texte n'occupant pas toute la largeur de la page, les marges ou les retraits sont des espaces vides à gauche et à droite de la page.

Pensez à enregistrer votre travail dès le début et au fur et à mesure de la saisie (voir chapitre suivant, « Gérer ses documents »). Il est risqué d'attendre d'avoir terminé pour sauvegarder : une erreur de manipulation ou une coupure de courant peuvent vous faire perdre tout le travail déjà réalisé.

3 Fin de paragraphe

Lorsque le paragraphe est terminé, vous passez au paragraphe suivant en appuyant sur la touche Entrée du clavier. La fin de paragraphe est matérialisée par le symbole ¶ , non imprimable.

4 Espace et tiret insécables

Un espace insécable est utilisé pour éviter qu'un groupe de mots, un nombre ou un mot composé ne soient coupés s'ils se trouvent en fin de ligne.

Par exemple, si vous saisissez « 200 g » et que cela tombe en fin de ligne, l'unité de mesure, « g », risque de ne pas rentrer sur la ligne et de passer à la ligne suivante, alors que « 200 » reste en fin de ligne. Word attend en effet qu'un espace soit saisi pour passer à la ligne. Pour éviter cela, il faut faire en sorte que le nombre « 200 » et l'unité de mesure « g » soient indissociables. Il suffit d'insérer un espace insécable entre la série de chiffres et le « g ». Ainsi, si l'unité de mesure (ici, la lettre g) ne rentre pas sur la ligne, c'est tout le groupe (nombre et lettre g) qui passera à la ligne.

- Pour insérer un espace insécable : appuyez simultanément sur les touches Ctrl+Maj+barre d'espacement. La touche Maj est celle qui représente une grosse flèche, tout à gauche du pavé alphabétique. La touche Ctrl (lire : contrôle) se situe juste en dessous. Il y en a une seconde touche Maj et une seconde touche Ctrl en face, à droite du pavé alphabétique.
- Pour insérer un tiret insécable : appuyez simultanément sur les touches Ctrl+Maj+tiret.

Les espaces insécables sont utilisés dans beaucoup de cas ; par exemple, on en trouve systématiquement devant les signes de ponctuation dits « doubles » comme le deux-points (:), le point-virgule, le point d'interrogation et le point d'exclamation.

A titre d'exercice, vous allez saisir le texte suivant : la recette de la tarte aux poires caramélisées.

Exercice N°1

Tarte aux poires caramélisées

INGREDIENTS :

Pour 4 personnes

1 kg de poires
le jus d'un citron
70 g de beurre
70 g de sucre en poudre
200 g de pâte brisée (fraîche ou surgelée)

Préparation : 20 minutes
Cuisson : 30 minutes

Pelez les poires. Coupez-les en deux, ôtez les cœurs. Découpez les poires en tranches épaisses et citronnez-les. Préchauffez le four à 210°C (th. 7).

Prenez un moule à manqué antiadhésif de 22 cm de diamètre. Répartissez dans le fond le beurre coupé en très petits morceaux. Saupoudrez de sucre.

Rangez par-dessus les tranches de poires. Etalez la pâte et posez-la sur les poires. Piquez légèrement la pâte pour éviter qu'elle gonfle.

Rentrez bien les bords de la pâte entre les poires et le bord du moule. Enfournez durant 30 min. En fin de cuisson, éteignez le four, entrouvrez la porte et laissez reposer 15 min avant de retourner sur un plat.

Astuces
Tours de main

Pour obtenir une garniture compacte sur la pâte, coupez les quartiers de fruits en triangles : ils s'emboîtent mieux les uns dans les autres.

Avant de placer les fruits dans le moule, faites-les cuire au four avec un mélange de 30 g de beurre et 1 cuillerée à soupe de sucre.

Pour encore plus de saveur, ajoutez au sucre en poudre un sachet de sucre vanillé, ou, si vous en aimez le goût, une petite pincée de cannelle en poudre.

LE DÉPLACEMENT DU POINT D'INSERTION

Deux méthodes permettent de déplacer le point d'insertion :

- La première est rapide. Elle consiste à utiliser la souris.
- La seconde, peut-être moins rapide, se révèle plus précise. Elle consiste à employer le clavier.

1 Avec la souris

Voici comment procéder :

1. Utilisez éventuellement les barres de défilement situées à droite ou en bas du document ; ces barres de défilement apparaissent si le document est trop grand pour être affiché entièrement à l'écran. Elles permettent de le faire défiler jusqu'à ce que le texte dans lequel vous voulez déplacer le point d'insertion soit visible à l'écran.
2. Cliquez à l'endroit où vous voulez le positionner.

2 Avec le clavier

Utilisez un ou plusieurs des **raccourcis clavier** suivants :

- Flèches directionnelles en bas à droite du clavier :

  Flèche vers le haut : ligne précédente.
  Flèche vers le bas : ligne suivante.
  Flèche vers la droite : caractère suivant.
  Flèche vers la gauche : caractère précédent.

Un raccourci clavier est une combinaison de touches qui permet d'accomplir plus rapidement une action donnée. Il s'agit très souvent d'enfoncer la touche Ctrl ou la touche Maj (ou les deux combinées) et d'appuyer sur une autre touche avant de relâcher toutes les touches.

- Touche Origine (flèche oblique) : début de ligne.
- Touche Fin : fin de ligne.
- PgPréc (flèche vers le haut barrée de deux traits horizontaux) : écran précédent.
- PgSuiv (flèche vers le bas barrée de deux traits horizontaux) : écran suivant.
- Touche Ctrl enfoncée et flèche vers la droite : mot suivant.
- Touche Ctrl enfoncée et flèche vers la gauche : mot précédent.
- Touche Ctrl enfoncée et flèche vers le haut : paragraphe précédent.
- Touche Ctrl enfoncée et flèche vers le bas : paragraphe suivant.
- Touche Ctrl enfoncée et touche Origine : début de document.
- Touche Ctrl enfoncée et touche Fin : fin de document.

SÉLECTION DE TEXTE

Il est important de savoir sélectionner un bloc de texte. En effet, les commandes que vous lancez s'appliquent la plupart du temps au bloc de texte sélectionné. Le texte sélectionné est surligné (en noir, le plus souvent).

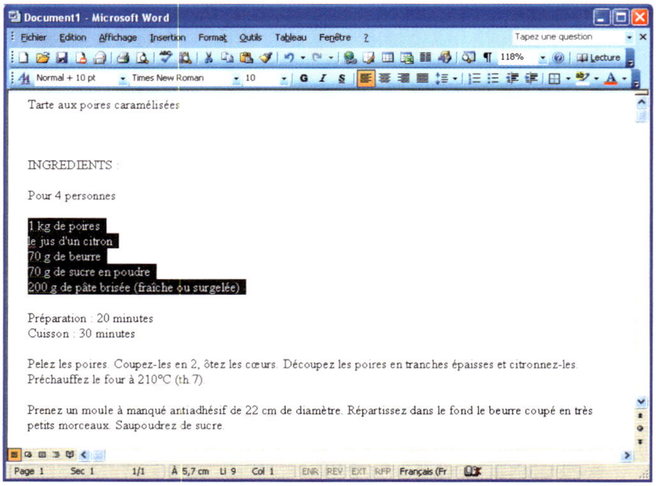

1 Sélectionner avec la souris

La sélection avec la souris est la méthode la plus rapide et la plus couramment utilisée.

Voici les différentes techniques de sélection utilisables avec la souris :

- **Un mot**. Double-cliquez sur le mot.
- **Une ligne**. Cliquez dans la marge de gauche (pointeur) devant la ligne.
- **Un paragraphe**. Double-cliquez dans la marge de gauche (pointeur) devant le paragraphe, ou faites trois clics réguliers sur le paragraphe.
- **Une phrase**. Maintenez la touche Ctrl enfoncée, puis cliquez à un endroit quelconque de la phrase.
- **Un groupe de mots**. Cliquez à une extrémité et glissez jusqu'à l'autre extrémité, ou positionnez le pointeur à une extrémité en cliquant au début ou à la fin du texte que vous voulez sélectionner, maintenez la touche Maj enfoncée et cliquez à l'autre extrémité.
- **Le document entier**. Cliquez trois fois dans la marge de gauche (pointeur), ou cliquez dans la marge de gauche en maintenant la touche Ctrl enfoncée. Dans notre exercice, la recette de la tarte aux poires caramélisées, sélectionnez tout le texte que vous avez saisi, puis cliquez sur le menu Format, sur Police, et dans la Taille choisissez 10 ; c'est la taille qui convient pour que notre exemple tienne sur une page.
- **Zones non contiguës**. Sélectionnez le premier bloc de caractères, maintenez la touche Ctrl enfoncée et sélectionnez les blocs suivants. Attention, ce type de sélection n'est pas possible dans toutes les versions de Word.

Attention : si vous ne maîtrisez pas encore très bien votre souris, vous risquez d'étendre votre sélection bien plus loin que vous ne le vouliez. Si c'est le cas, il faut annuler votre sélection en cliquant à un endroit quelconque du texte avant de retenter l'expérience. (Ne cliquez pas dans la marge de gauche car, dans ce cas, vous sélectionnerez systématiquement une ligne.) Si vous cliquez-glissez sur une sélection déjà existante dans le but de la reprendre, vous déplacerez le texte sélectionné. Consultez à ce sujet l'atelier « Déplacer du texte » du Chapitre 4.

2 *Sélectionner avec le clavier*

Si vous souhaitez sélectionner du texte avec plus de précision, vous utiliserez le clavier.

1. Positionnez le point d'insertion (ou curseur).
2. Maintenez la touche Maj enfoncée et utilisez les touches de déplacement (voir dans ce même chapitre la section « Avec le clavier » de l'atelier « Le déplacement du point d'insertion »).
3. Appuyez sur la touche F8 en haut du clavier. Les lettres EXT s'affichent dans la barre d'état.
4. Utilisez alors les touches de déplacement.
5. Pour désactiver l'extension, appuyez sur la touche Echap du clavier.

Pour sélectionner tout votre document, cliquez sur le menu Edition et choisissez la commande Sélectionner tout. Vous pouvez aussi utiliser le raccourci suivant pour obtenir le même résultat : maintenez la touche Ctrl enfoncée et appuyez sur la touche A.

CORRECTION DU TEXTE

Les traitements de texte offrent la possibilité extraordinaire de modifier le texte à volonté. Dans cet atelier, vous allez apprendre comment procéder avec Word.

1 Manuellement

Positionnez le point d'insertion à l'endroit voulu et tapez le texte qui doit être inséré. Les caractères saisis apparaissent devant le curseur et le texte situé après celui-ci est décalé vers la droite.

Si les caractères saisis ne s'insèrent pas devant le curseur, mais remplacent le texte situé à droite du curseur, cela signifie que vous êtes en mode Refrappe (les lettres RFP sont affichées dans la barre d'état, au bas de l'écran). Pour basculer du mode Refrappe au mode Insertion (et réciproquement), appuyez sur la touche Ins (ou Inser) du clavier ou double-cliquez sur RFP dans la barre d'état.

2 En utilisant le correcteur d'orthographe

Word possède un outil permettant de vérifier l'orthographe des textes. Cette vérification est fondée, par défaut, sur un dictionnaire standard fourni avec votre traitement de texte, mais vous avez la possibilité de rajouter des mots ou de créer vos propres dictionnaires en y intégrant par exemple des noms propres, des mots techniques, des abréviations, etc.

1. Positionnez le point d'insertion où vous souhaitez commencer la vérification ou sélectionnez le texte à vérifier.
2. Cliquez sur l'icône Grammaire et orthographe  ou lancez la commande Grammaire et orthographe… dans le menu Outils.

Dès que Word rencontre un mot ne figurant pas dans son dictionnaire, ou s'il détecte une erreur de grammaire, une boîte de dialogue apparaît.

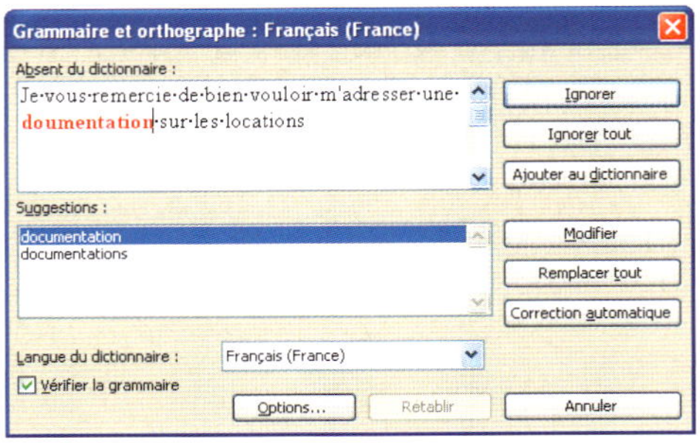

Le mot reconnu est affiché en rouge s'il s'agit d'une faute d'orthographe et en vert dans le cas d'une erreur grammaticale. S'il le peut, Word vous propose des mots de remplacement dans la zone Suggestions.

Si vous souhaitez corriger le mot :

1. Sélectionnez la correction dans la liste des suggestions ou corrigez directement dans la boîte de dialogue le mot mal orthographié.
2. Cliquez sur Modifier ou sur Remplacer pour remplacer le mot sélectionné. Cliquez sur Remplacer tout pour corriger toutes les occurrences du mot dans le document.

Si vous ne souhaitez pas corriger le mot, cliquez sur Ignorer pour poursuivre la vérification, ou sur Ignorer tout pour que Word ne s'arrête pas sur ce mot s'il le retrouve dans le texte.
Pour annuler une correction, cliquez sur Rétablir. Les dernières corrections peuvent être annulées une à une.

Si vous souhaitez inclure ce mot dans le dictionnaire tel qu'il est orthographié (par exemple un nom propre qui revient souvent dans vos textes), cliquez sur Ajouter au dictionnaire.

Enfin, pour interrompre la vérification, cliquez sur Annuler ou appuyez sur la touche Echap du clavier.

GÉRER SES DOCUMENTS

3

Cette étape va vous permettre de voir comment enregistrer vos documents. Ils seront conservés sur un support magnétique. Vous pourrez ensuite les ouvrir et bien sûr les fermer.

Les supports magnétiques les plus courants sont les disques durs, les disquettes, les CD-ROM et les clés USB. Le plus simple, pour débuter, est d'enregistrer votre document sur le disque dur, c'est-à-dire directement sur votre ordinateur.

ENREGISTRER UN DOCUMENT

Cet atelier est une étape fondamentale. Il vous montrera comment conserver votre travail de manière permanente.

1 Enregistrer

Cliquez sur l'icône Enregistrer dans la barre d'outils ou lancez la commande Enregistrer dans le menu Fichier.
Si le document n'a jamais été enregistré auparavant, Word ouvre la boîte de dialogue Enregistrer sous. Reportez-vous à la section suivante pour savoir quoi faire dans cette boîte de dialogue.
Si le document a déjà été enregistré, il est simplement mis à jour, en incluant les modifications qui lui ont été apportées.

Rien ne vous indique que le document a bien été enregistré puisqu'il conserve le même nom et est enregistré au même endroit. La nouvelle version remplace la précédente. Votre seul moyen de vérification consiste à fermer le document (voir l'atelier « Fermer et quitter » ci-après). Si Word vous demande si vous souhaitez enregistrer les modifications apportées au document, cela signifie que votre document a subi une ou plusieurs modifications qui n'ont pas encore été sauvegardées.

2 Enregistrer sous

Pour faire une copie du document sous un autre nom ou dans un autre dossier, lancez la commande Enregistrer sous dans le menu Fichier. Une boîte de dialogue intitulée Enregistrer sous s'affiche.

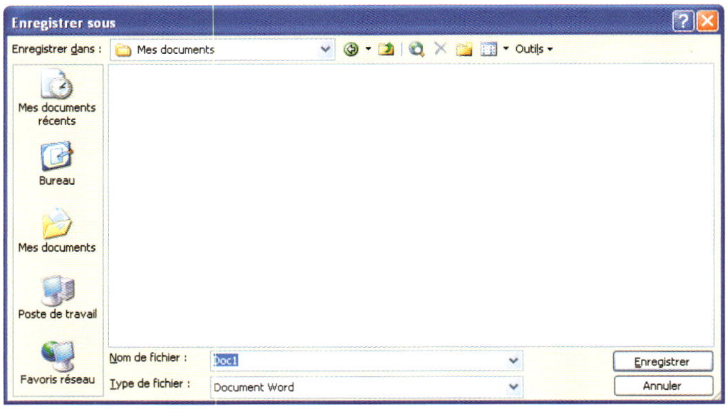

1. Saisissez le nom que vous voulez donner à votre document dans la zone Nom du fichier. Par défaut, Word propose les premiers caractères saisis dans le texte.
2. Sélectionnez le dossier dans lequel vous voulez enregistrer votre document. Choisissez le dossier à ouvrir dans la liste déroulante Enregistrer dans ou double-cliquez sur l'icône du dossier à ouvrir.
3. Cliquez sur Enregistrer.

Dès que le document a été enregistré, son nom apparaît à gauche de la barre de titre. Enregistrez votre texte en le nommant « Recette de tarte aux poires ».

FERMER ET QUITTER

Lorsque vous avez terminé la saisie de votre texte et que vous avez enregistré le document, inutile de le laisser à l'écran. Vous allez donc apprendre à fermer votre document et à quitter Word.

1 Fermer un document

Dans le menu Fichier, choisissez la commande Fermer.
Une autre solution, plus rapide, consiste à cliquer sur l'icône ✕, située à droite de la barre des menus (en haut à droite de l'écran) pour fermer la fenêtre ; vous prendrez vite l'habitude de l'utiliser.

Si vous avez modifié votre document sans l'enregistrer, un message apparaît sur l'écran, vous demandant si vous voulez ou non enregistrer ces modifications.

2 Fermer tous les documents ouverts

Si vous avez plusieurs documents ouverts, Word peut les fermer simultanément. Procédez comme suit :

1. Maintenez la touche Maj enfoncée.
2. Lancez la commande Fermer tout dans le menu Fichier.

3 Quitter Word

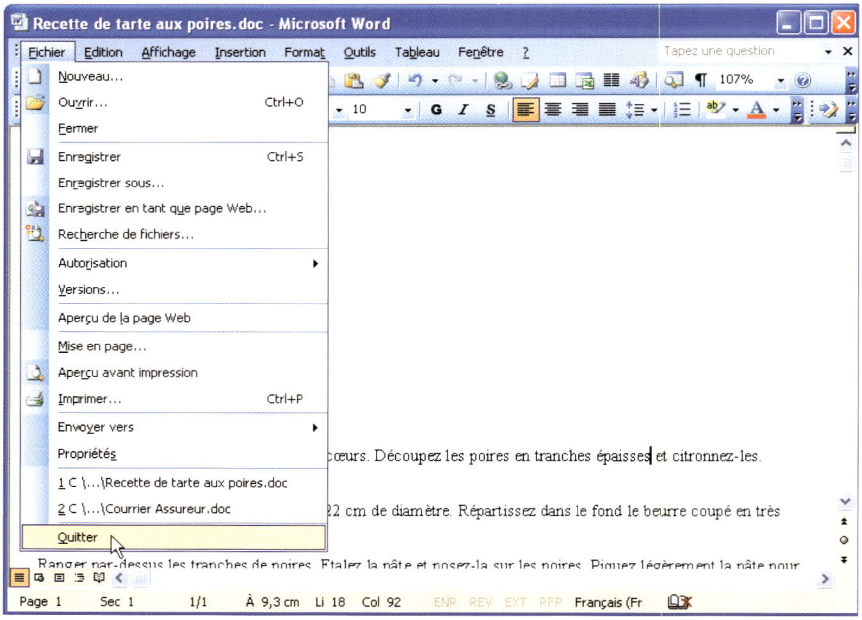

Dans le menu Fichier, choisissez la commande Quitter.
Vous pouvez aussi choisir d'utiliser l'icône , située en haut à droite de l'écran.

Attention, ne confondez pas ces deux icônes : × et . Elles se trouvent toutes les deux en haut à droite de l'écran. Celle qui permet de quitter Word est au-dessus. L'autre ferme un document, mais laisse Word ouvert.

OUVRIR UN DOCUMENT EXISTANT

Pour être en mesure de retravailler sur un document qui a été enregistré et fermé, vous devez l'ouvrir.

1 *Ouvrir en utilisant une boîte de dialogue*

Cliquez sur le menu Fichier, et choisissez la commande Ouvrir (vous pouvez aussi cliquer sur l'icône Ouvrir dans la barre d'outils Standard). Une boîte de dialogue apparaît.

Pour ouvrir un document, vous devez ouvrir le dossier dans lequel il a été enregistré . Choisissez le dossier à ouvrir dans la liste déroulante Regarder dans.
Lorsque vous avez ouvert le dossier, double-cliquez sur l'icône du fichier à ouvrir.

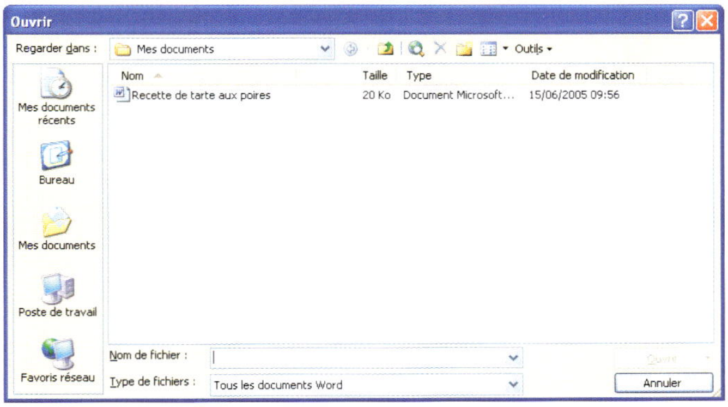

Si le nom du document n'apparaît pas alors que le dossier est ouvert, vérifiez dans la liste déroulante Type de fichiers que l'option Tous les documents Word a bien été choisie.

2 *Ouverture rapide*

Vous pouvez ouvrir un des derniers documents sur lesquels vous avez travaillé sans passer par la boîte de dialogue Ouvrir :

1. Cliquez sur le menu Fichier.

   La partie inférieure du menu affiche les noms des derniers fichiers utilisés (quatre noms apparaissent par défaut).

2. Cliquez sur le nom du document à ouvrir.

CRÉER UN NOUVEAU DOCUMENT

Si, après avoir fermé un fichier, vous souhaitez passer à autre chose, saisir un nouveau texte par exemple, vous devez créer un nouveau document. Pour cela :

Cliquez sur le menu Fichier, puis sur la commande Nouveau. Cliquez ensuite sur Document vierge dans le Volet Office.

Une autre solution consiste à cliquer sur l'icône , située dans la barre d'outils Standard (en haut, à gauche de l'écran). Vous créerez ainsi un nouveau document.

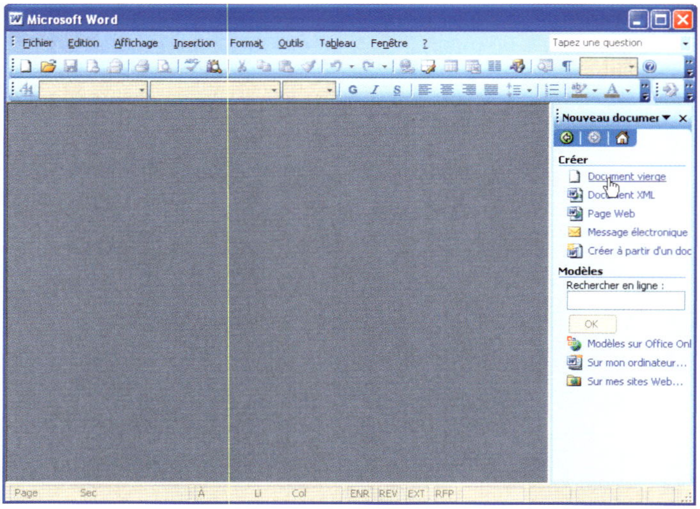

MANIPULER DU TEXTE

4

Pour éviter de retaper un texte déjà saisi, vous pouvez le copier ou le déplacer. Vous avez aussi la possibilité de rechercher et/ou de remplacer un mot ou un groupe de mots. Mieux encore : apprenez à annuler, en un seul clic de souris, une opération qui ne donne pas le résultat que vous souhaitiez, ou à répéter simplement une opération fastidieuse.

COPIER DU TEXTE

Il existe plusieurs méthodes pour copier du texte (le dupliquer). Parcourez cet atelier et choisissez celle qui vous paraît la plus simple.

1 Copier avec le menu Edition

Le menu Edition contient tous les outils nécessaires :

1. Sélectionnez le texte que vous voulez copier.
2. Cliquez sur le menu Edition puis sur Copier.

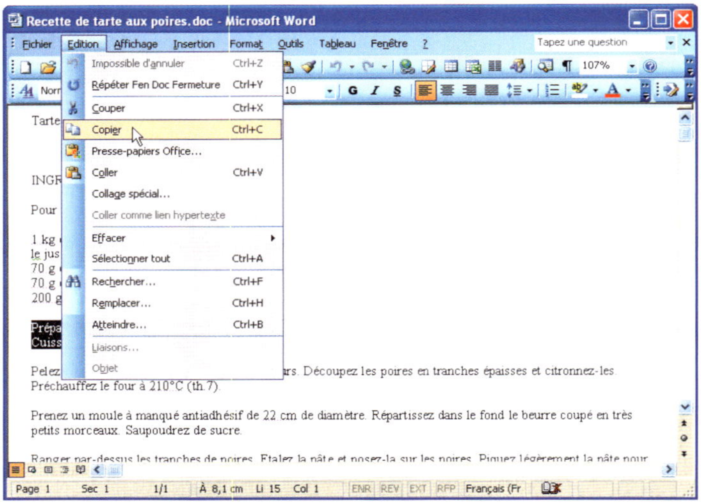

3. Cliquez à l'endroit où ce texte doit être dupliqué pour placer le curseur.
4. Cliquez sur le menu Edition puis sur Coller.

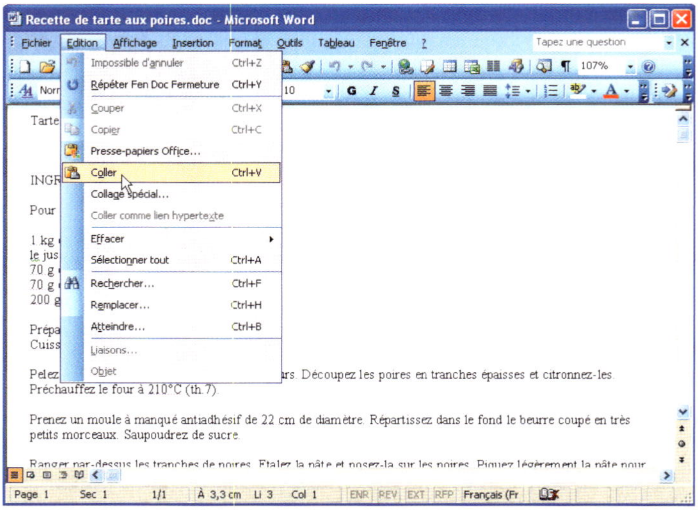

2 Copier avec les outils

La barre d'outils Standard relève également le défi :

1. Sélectionnez le texte à copier.
2. Cliquez sur l'outil Copier .
3. Cliquez à l'endroit où ce texte doit être dupliqué pour positionner le curseur.
4. Cliquez sur l'outil Coller .

3 Copier avec la souris

Si vous aimez utiliser la souris, cette technique est faite pour vous :

1. Sélectionnez le texte à copier.
2. Pointez le texte sélectionné.
3. Cliquez-glissez jusqu'à l'endroit où vous voulez dupliquer le texte en maintenant la touche Ctrl enfoncée. Si vous n'appuyez pas en même temps sur la touche Ctrl, le texte ne sera pas copié, mais déplacé.

4 Copier avec le *menu contextuel*

Si vous maîtrisez l'utilisation des boutons gauche et droit de la souris, employez cette méthode :

1. Sélectionnez le texte à copier.
2. Cliquez avec le bouton droit de la souris sur le texte sélectionné.

Un menu contextuel est un menu qui apparaît quand vous cliquez avec le bouton droit de la souris. Si une portion de texte est sélectionnée, le menu contextuel sera en rapport avec cette sélection.

Lorsque vous cliquez avec le bouton droit de votre souris pour copier, mettez bien le pointeur sur le texte sélectionné pour que la commande Copier du menu soit accessible.

3. Dans le menu qui apparaît, cliquez sur Copier.

4. Cliquez avec le bouton droit à l'endroit où ce texte doit être dupliqué pour placer le curseur.

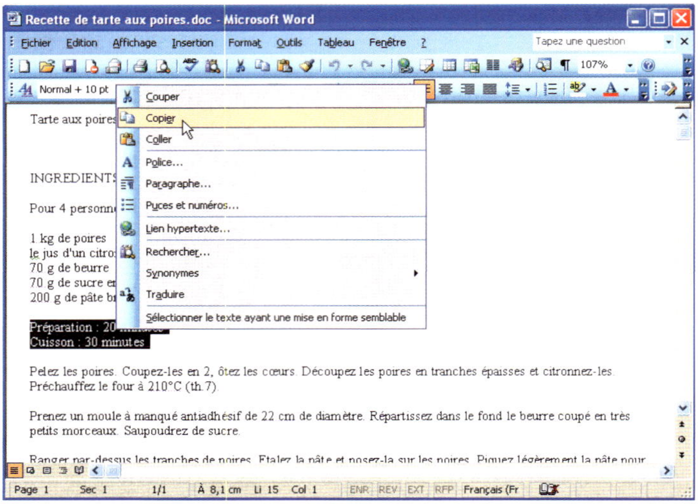

5. Dans le menu qui apparaît, cliquez sur Coller.

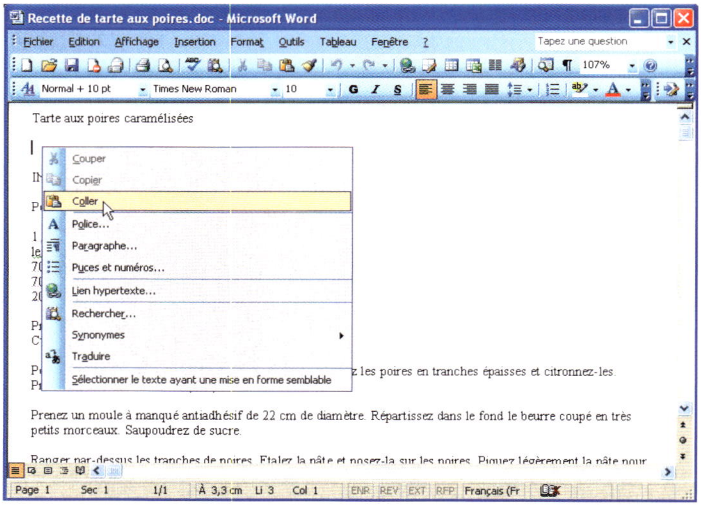

DÉPLACER DU TEXTE

Nous retrouvons aussi ces différentes méthodes pour déplacer du texte. La seule différence réside dans le fait que le texte que vous déplacez disparaît de son emplacement d'origine pour s'insérer à l'endroit indiqué.

1 Déplacer avec le menu Edition

Le menu Edition contient tous les outils nécessaires :

1. Sélectionnez le texte que vous voulez déplacer.
2. Cliquez sur le menu Edition puis sur Couper.

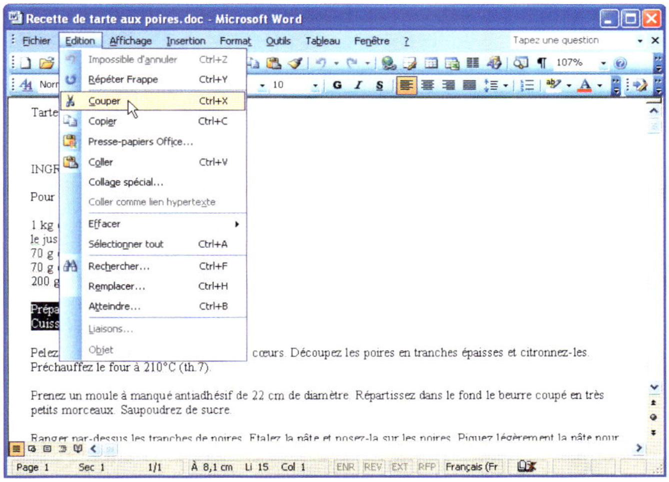

3. Cliquez à l'endroit où ce texte doit être placé.
4. Cliquez sur le menu Edition puis sur Coller.

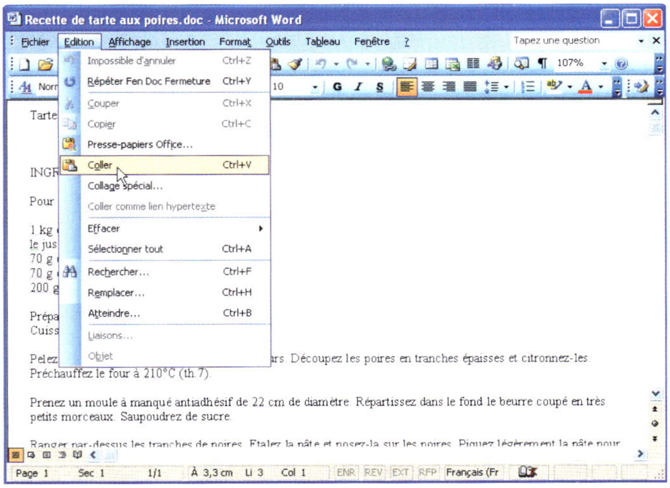

2 Déplacer avec les outils

La barre d'outils Standard relève également le défi :

1. Sélectionnez le texte à déplacer.
2. Cliquez sur l'outil Couper .
3. Cliquez à l'endroit où ce texte doit être placé.
4. Cliquez sur l'outil Coller .

3 Déplacer avec la souris

Si vous aimez utiliser la souris, cette technique est faite pour vous :

1. Sélectionnez le texte à déplacer.
2. Pointez le texte sélectionné.
3. Cliquez-glissez jusqu'à l'endroit où vous voulez placer le texte.

4 Déplacer avec le menu contextuel

Si vous maîtrisez l'utilisation des boutons gauche et droit de la souris, employez cette méthode :

1. Sélectionnez le texte que vous voulez déplacer.
2. Cliquez avec le bouton droit de la souris sur le texte sélectionné.

   Dans le menu qui apparaît, cliquez sur Couper.

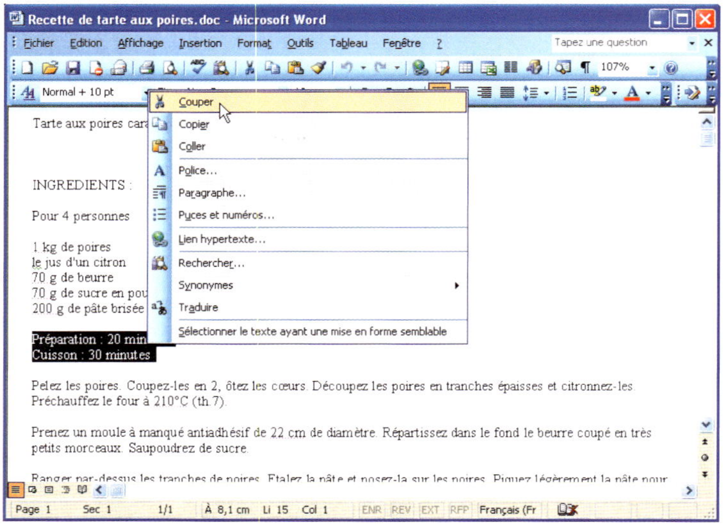

3. Cliquez avec le bouton droit à l'endroit où ce texte doit être déplacé.

   Dans le menu qui apparaît, cliquez sur Coller.

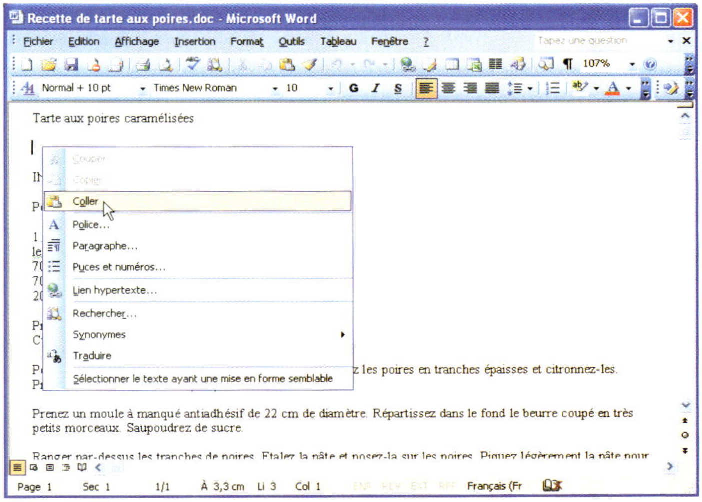

Pour mettre en pratique ces manipulations, sélectionnez, dans votre recette, les deux paragraphes « Préparation et Cuisson », puis déplacez-les entre le titre du haut et le mot « INGREDIENTS ».

Exercice N°2

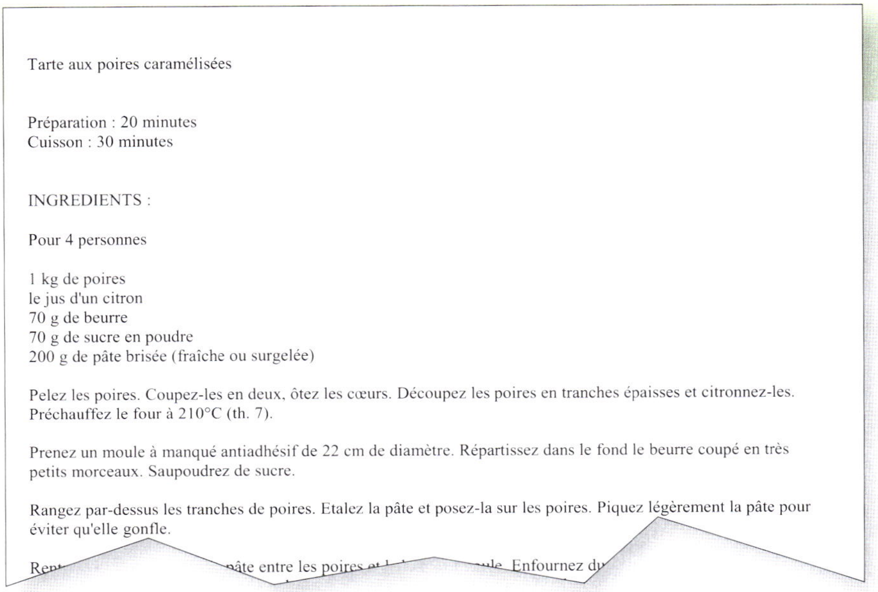
Tarte aux poires caramélisées

Préparation : 20 minutes
Cuisson : 30 minutes

INGREDIENTS :

Pour 4 personnes

1 kg de poires
le jus d'un citron
70 g de beurre
70 g de sucre en poudre
200 g de pâte brisée (fraîche ou surgelée)

Pelez les poires. Coupez-les en deux, ôtez les cœurs. Découpez les poires en tranches épaisses et citronnez-les. Préchauffez le four à 210°C (th. 7).

Prenez un moule à manqué antiadhésif de 22 cm de diamètre. Répartissez dans le fond le beurre coupé en très petits morceaux. Saupoudrez de sucre.

Rangez par-dessus les tranches de poires. Etalez la pâte et posez-la sur les poires. Piquez légèrement la pâte pour éviter qu'elle gonfle.

RECHERCHER/REMPLACER DU TEXTE

La fonction Rechercher permet de positionner le curseur sur un mot ou un groupe de mots donné, et donc de retrouver rapidement un texte dans votre document.

1 *Rechercher un mot ou un groupe de mots*

Vous êtes sûr d'avoir saisi un mot ou un groupe de mots que vous ne retrouvez pas dans le texte, essayez cette méthode :

1. Cliquez sur le menu Edition, puis sur la commande Rechercher. Une boîte de dialogue apparaît.

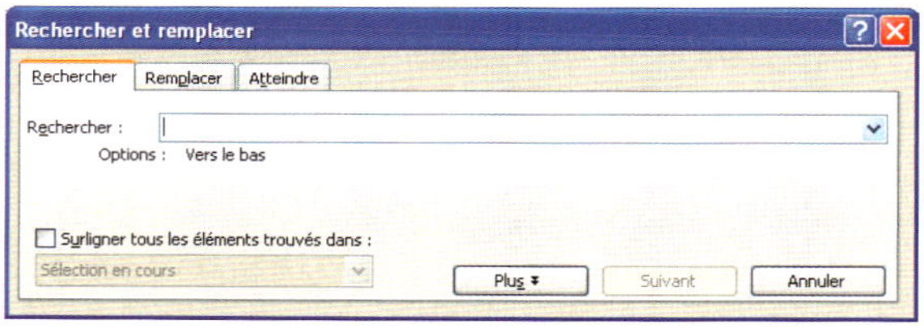

2. Dans la zone Rechercher, saisissez le texte à atteindre.
3. Cliquez sur Plus pour développer la boîte de dialogue.
4. Dans la liste déroulante Sens, choisissez Vers le bas si vous voulez que la recherche se fasse du point d'insertion vers la fin du document, Vers le haut si vous souhaitez qu'elle se fasse du point d'insertion vers le début du document, ou Tous pour qu'elle s'effectue sur tout le document.

5. Cochez la case Respecter la casse si vous voulez rechercher le mot comme vous l'avez saisi (majuscules et/ou minuscules). Attention ! Il faut bien comprendre que dans ce cas, une recherche sur « Maison » ne trouvera pas le mot « maison ». Pensez-y.

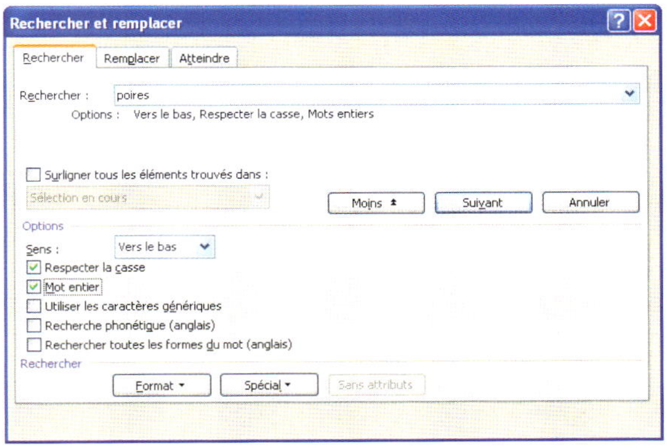

6. Cochez la case Mot entier si vous voulez effectuer une recherche sur le mot exact. Par exemple, si vous tapez le mot « mai » (le mois), la recherche ne tiendra pas compte de mots comme « intérimaire » ou « maire », ou même « mais ».

2 Remplacer un mot ou un groupe de mots

Word peut remplacer automatiquement un mot ou un groupe de mots sur tout le document.

1. Cliquez sur le menu Edition, puis sur la commande Remplacer. Une boîte de dialogue apparaît.

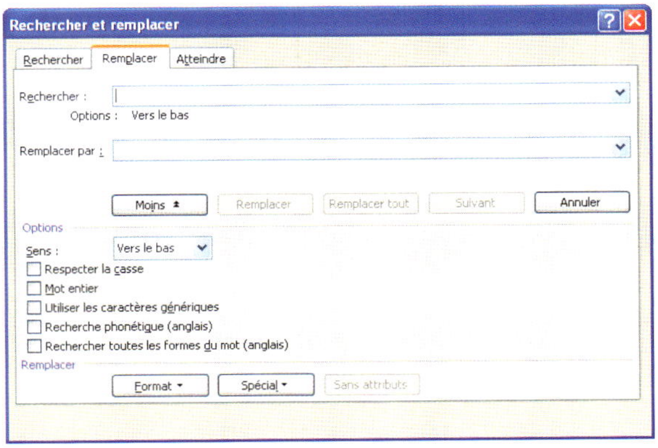

2. Saisissez le texte à remplacer dans la zone Rechercher (sans confondre avec l'onglet Rechercher, en haut de la boîte de dialogue).
3. Saisissez le texte de remplacement dans la zone Remplacer par.
4. Cliquez sur Plus pour développer la boîte de dialogue et procédez comme dans la section précédente pour les options proposées.
5. Cliquez sur le bouton Suivant pour commencer la recherche. Word s'arrête sur le premier mot ou groupe de mots qu'il rencontre.

6. Cliquez sur Remplacer pour remplacer la sélection. Pour poursuivre la recherche sans remplacer cette occurrence, cliquez sur Suivant. Cliquez sur Remplacer tout pour remplacer tous les mots ou les groupes de mots dans le document.

   Lorsque les remplacements sont achevés, Word affiche une boîte de dialogue vous indiquant que la vérification du document est terminée, et éventuellement, le nombre de remplacements effectués.

Finalement, vous voulez avoir la même recette avec des pommes. Remplacez le mot « poires » par le mot « pommes » dans tout le document.

Exercice N°3

Tarte aux pommes caramélisées

Préparation : 20 minutes
Cuisson : 30 minutes

INGREDIENTS :

Pour 4 personnes

1 kg de pommes
le jus d'un citron
70 g de beurre
70 g de sucre en poudre
200 g de pâte brisée (fraîche ou surgelée)

Pelez les pommes. Coupez-les en deux, ôtez les cœurs. Découpez les pommes en tranches épaisses et citronnez-les. Préchauffez le four à 210°C (th. 7).

Prenez un moule à manqué antiadhésif de 22 cm de diamètre. Répartissez dans le fond le beurre coupé en très petits morceaux. Saupoudrez de sucre.

Rangez par-dessus les tranches de pommes. Etalez la pâte et posez-la sur les pommes. Piquez légèrement la pâte pour éviter qu'elle gonfle.

Rentrez bien les bords de la pâte entre les pommes et le bord du moule. Enfournez durant 30 min. En fin de cuisson, éteignez le four, entrouvrez la porte et laissez reposer 15 min avant de retourner sur un plat.

Astuces
Tours de main

Pour obtenir une garniture compacte sur la pâte, coupez les quartiers de fruits en triangle ... emboîtent mieux les uns dan...

ANNULER LA OU LES DERNIÈRES COMMANDES

Si, par erreur, vous avez lancé une commande de menu, cliqué sur l'icône d'une barre d'outils, ou effectué une action incorrecte au clavier, vous pouvez tout annuler grâce à plusieurs méthodes.

Certaines commandes ne pourront pas être annulées, par exemple Enregistrer et Fermer (toutes deux dans le menu Fichier).

1 Par le menu

Vous vous sentez à l'aise avec les menus, qui sont explicites ? Dans ce cas, procédez comme suit :

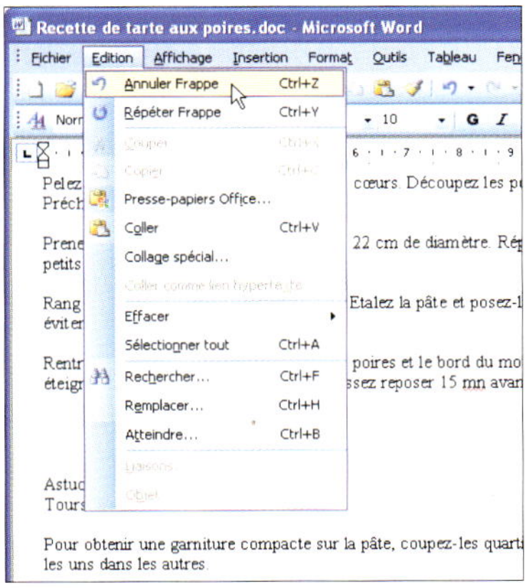

1. Choisissez Annuler dans le menu Edition (l'action à effacer apparaît à côté de la commande Annuler).
2. Répétez l'opération si vous désirez annuler d'autres commandes.

2 Par les outils

En utilisant l'outil Annuler, vous pouvez visualiser la liste des dernières commandes. En un seul clic, vous annulez la ou les dernières actions.

1. Cliquez sur l'icône Annuler de la barre d'outils Standard pour annuler la dernière commande, ou sur la flèche associée à cette icône pour avoir la liste des dernières actions pouvant être annulées.
2. Sélectionnez la ou les dernières commandes à annuler.

3 *Par le clavier*

Cette méthode est rapide si vous aimez utiliser le clavier.

1. Maintenez la touche Ctrl enfoncée et appuyez sur la touche Z.
2. Répétez l'opération pour annuler d'autres commandes.

RÉTABLIR CE QUE VOUS VENEZ D'ANNULER

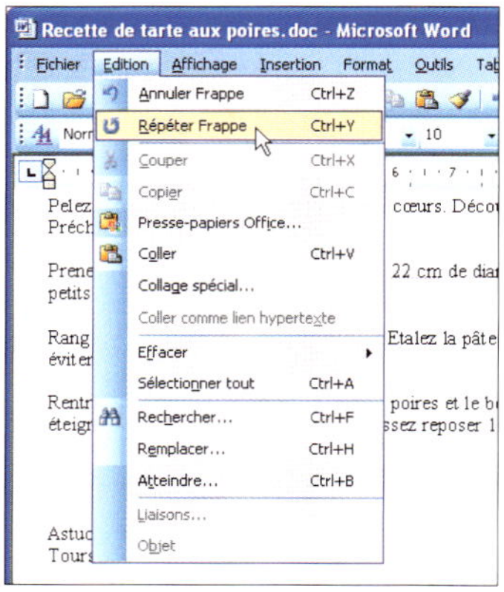

Vous êtes allé trop vite et trop loin en annulant les dernières commandes ? Vous souhaitez rétablir la dernière action annulée ? Utilisez cette méthode :

Cliquez sur le menu Edition puis sur Répéter, ou cliquez sur le bouton Rétablir de la barre d'outils Standard.

ou

1. Cliquez sur la flèche associée à ce bouton pour voir la liste de toutes les commandes annulées.
2. Sélectionnez les commandes à rétablir.

RÉPÉTER LA DERNIÈRE OPÉRATION

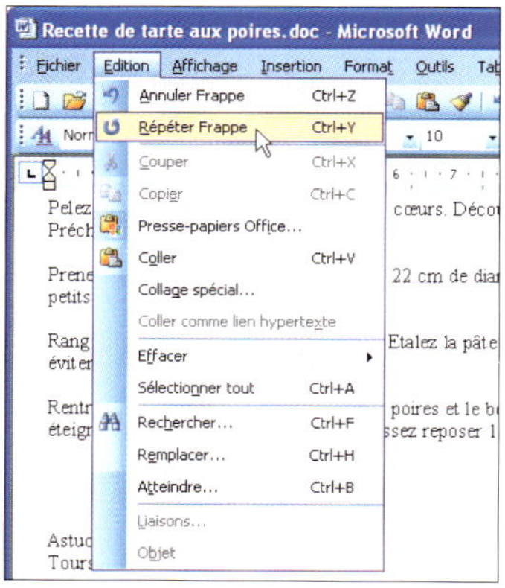

La commande Répéter reproduit la dernière commande. Vous avez le choix entre deux méthodes :

- Cliquez sur le menu Edition puis sur la commande Répéter (l'action à reproduire apparaît à côté de la commande Répéter).

ou

- Appuyez sur la touche F4. Elle se trouve tout en haut du clavier.

MISE EN FORME DES CARACTÈRES

5

Vous allez améliorer la présentation de vos documents et mettre en évidence certains mots ou groupes de mots en les **enrichissant,** ***c'est le terme consacré, avec du gras, de l'italique, du souligné. Vous verrez également comment modifier la forme et la taille des caractères, et bien plus encore…***

MISE EN FORME DES CARACTÈRES

Cet atelier va vous montrer avec quelle facilité il est possible d'améliorer la présentation de vos documents en utilisant la souris.

1 Pendant la saisie ou après la saisie

Vous pouvez appliquer des modifications au texte :

- Après la saisie, en sélectionnant les caractères concernés puis en leur appliquant la mise en forme voulue.
- Avant la saisie, en appliquant la mise en forme au niveau du point d'insertion.

Lorsque le point d'insertion se trouve sur un mot, la mise en forme demandée est appliquée au mot entier, sans qu'il soit nécessaire de le sélectionner.

2 Utiliser la boîte de dialogue Police

La boîte de dialogue Police a l'avantage de regrouper toutes les mises en forme possibles dans Word. De plus, certaines mises en forme peu utilisées ou avancées ne peuvent être appliquées qu'à partir de cette boîte de dialogue. Voici comment procéder :

1. Sélectionnez le texte concerné.
2. Cliquez sur le menu Format, puis sur Police. Une boîte de dialogue apparaît, composée de trois onglets. Si vous débutez, le premier onglet est le plus compréhensible.
3. Cliquez sur la mise en forme désirée.
4. Validez en cliquant sur OK ou en appuyant sur la touche Entrée.

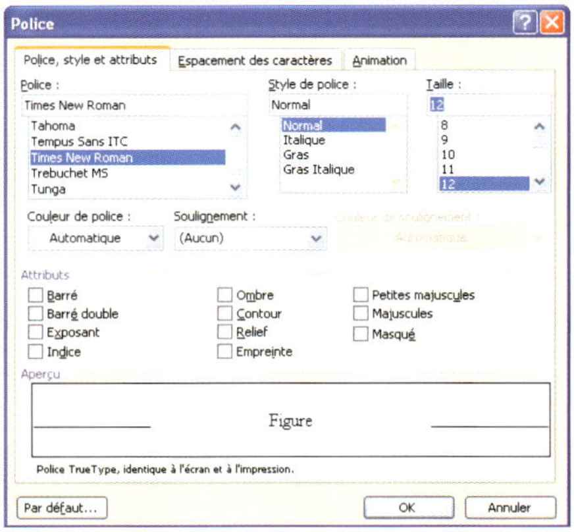

L'onglet Police, style et attributs regroupe les mises en forme principales : police, style, taille, couleur, différents soulignements, attributs (barré, exposant, indice, majuscules, etc.).
L'onglet Espacement des caractères regroupe les mises en forme liées à l'espacement des paragraphes : échelle, espacement entre les caractères, position du texte sur la ligne et crénage (rapprochement de deux caractères).

Enfin, l'onglet Animation propose des effets visuels d'animation sur le texte.

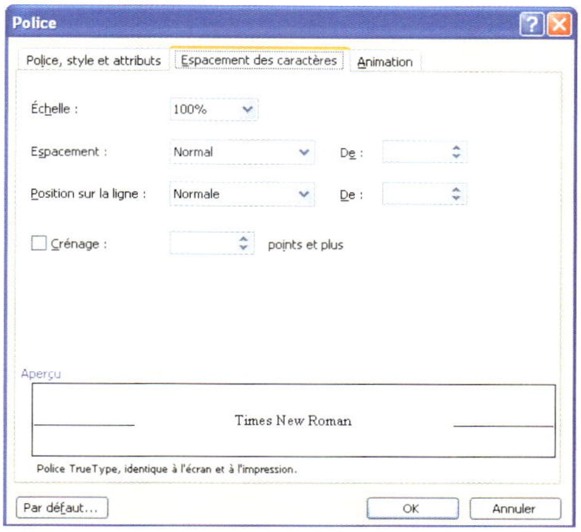

3 Utiliser la barre d'outils Mise en forme

Toutes les mises en forme courantes peuvent être appliquées avec la barre d'outils Mise en forme, par laquelle on obtient :

a. le style de paragraphe ou de caractère (*a priori*, vous n'en n'aurez pas besoin) ;
b. la **police de caractères** ;
c. la taille des caractères ;
d. le gras ;
e. l'italique ;
f. le souligné simple ;
g. le surlignage ;
h. la couleur.

La police de caractères détermine l'aspect des lettres. Il s'agit d'une famille de caractères (lettres et chiffres) qui présentent des caractéristiques communes, notamment leur forme.

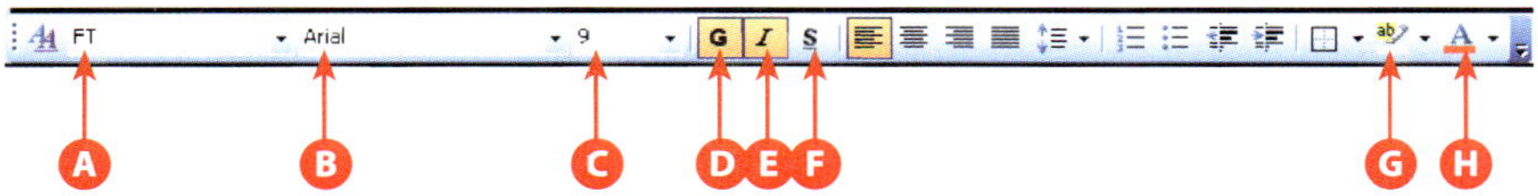

Sélectionnez le texte ou, avant de taper le texte, positionnez le point d'insertion à l'endroit voulu, puis cliquez sur l'outil concerné pour obtenir la mise en forme désirée.

En cliquant sur les outils Gras, Italique ou Souligné, vous effectuez la mise en forme correspondante. Pour l'annuler, il suffit de cliquer à nouveau sur ces mêmes icônes tout en laissant le texte sélectionné.

Si vous commencez à vous sentir un peu plus à l'aise et que vous souhaitez effectuer les mises en forme des caractères pendant la saisie du texte, vous apprécierez d'utiliser le clavier. Pour cela, sélectionnez préalablement le texte, puis maintenez les touches indiquées (Ctrl, Maj, Alt, ou deux d'entre elles) enfoncées avant d'appuyer sur la lettre. Par exemple, appuyez sur la touche Ctrl, ne la relâchez pas, et appuyez brièvement sur G avant de tout relâcher. Un enrichissement gras s'applique à votre texte sélectionné. **Voici une série de raccourcis clavier.**
Ctrl+G : gras.
Ctrl+I : italique.
Ctrl+U : souligné.
Alt+Maj+U : souligne les mots mais pas les espaces.
Alt+Ctrl+U : double souligné.
Maj+F3 : majuscule/minuscule (Attention, il s'agit de la touche F3 en haut du clavier, et non d'un F suivi d'un 3).
Ctrl+Maj+K : petite majuscule.
Ctrl+= : indice.
Ctrl+Maj+signe plus : exposant.

4 *Supprimer la mise en forme*

Pour annuler toutes les mises en forme et revenir sur les caractères standard, sélectionnez le texte, maintenez la touche Ctrl enfoncée et appuyez sur la barre d'espacement.

POUR ALLER PLUS LOIN

Transformer des majuscules en minuscules ou faire le contraire ? Une commande du menu Format va vous aider à réaliser cette tâche. Vous voulez insérer un caractère qui n'est pas disponible sur votre clavier ? Word met à votre disposition de nombreux caractères spéciaux.

1 Changer les majuscules en minuscules et vice versa

Vous avez saisi tout un texte en majuscules, alors que vous le vouliez tout en minuscules ou simplement avec une majuscule en début de phrase ? Inutile de le retaper, utilisez plutôt la méthode suivante :

1. Sélectionnez le texte.
2. Cliquez sur le menu Format puis sur Modifier la casse. Une boîte de dialogue du même nom apparaît.
3. Cliquez sur l'option désirée.

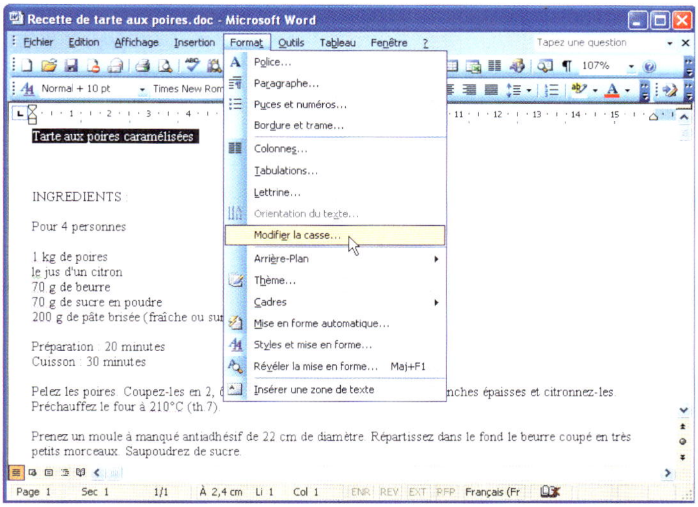

4. Validez en cliquant sur OK ou en appuyant sur la touche Entrée.

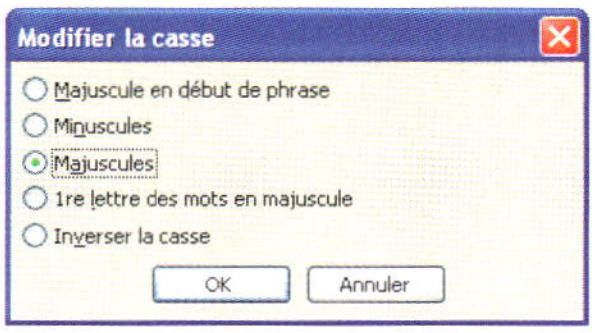

Vous pouvez aussi utiliser un raccourci clavier en maintenant la touche Maj enfoncée et en appuyant plusieurs fois sur la touche F3. Le texte sélectionné se transforme alors tour à tour en majuscules, en minuscules et en majuscules de premières lettres.

2 *Insérer des caractères spéciaux*

Word permet d'ajouter des caractères qui n'apparaissent pas sur le clavier :

1. Positionnez le point d'insertion à l'endroit où vous voulez insérer ce caractère.
2. Cliquez sur le menu Insertion, puis sur Caractères spéciaux.

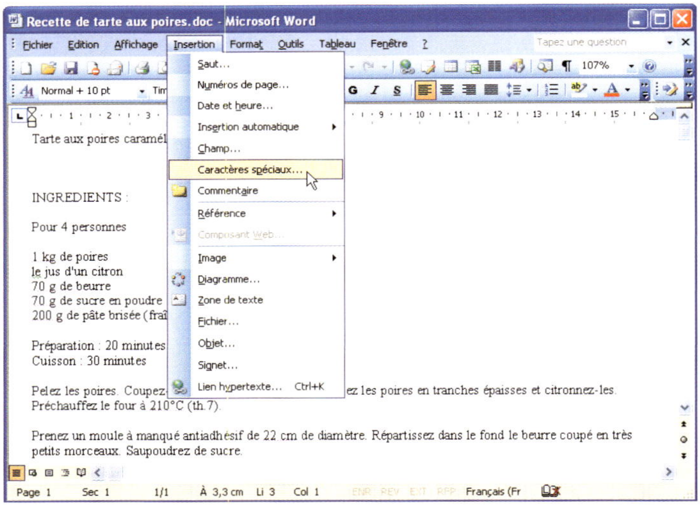

3. Choisissez la police dans la liste déroulante Police en cliquant sur l'icône située à droite du rectangle où est indiquée la police par défaut ; cette icône représente une petite pointe vers le bas, qui signifie que vous avez accès, en cliquant dessus, à d'autres polices que celle qui est appliquée pour l'instant.

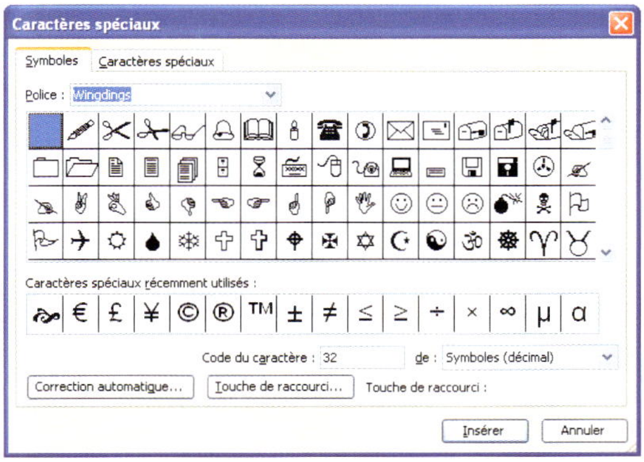

4. Cliquez sur le caractère choisi puis sur le bouton Insérer.
5. Fermez la boîte de dialogue.

Pensez à passer de l'affichage Normal à l'affichage Page et inversement, et à masquer et afficher alternativement les caractères invisibles (marques non imprimables) aussi souvent que nécessaire. C'est le seul moyen de savoir réellement où vous en êtes. Voir, au Chapitre 1, l'atelier « Les différents modes d'affichage ».

Effectuez, dans le texte de la recette, les mises en forme suivantes. Vous trouverez les caractères spéciaux insérés devant les mots Préparation et Cuisson dans la boîte de dialogue Caractères spéciaux, onglet Symboles. Choisissez la police Wingdings (vous trouverez la coche utilisée vers la fin de la dernière ligne).

Exercice N°4

Tarte aux pommes caramélisées

- Préparation : 20 minutes
- Cuisson : 30 minutes

INGREDIENTS :

Pour 4 personnes

1 kg de pommes
le jus d'un citron
70 g de beurre
70 g de sucre en poudre
200 g de pâte brisée (fraîche ou surgelée)

Pelez les pommes. Coupez-les en deux, ôtez les cœurs. Découpez les pommes en tranches épaisses et citronnez-les. Préchauffez le four à 210°C (th. 7).

Prenez un moule à manqué antiadhésif de 22 cm de diamètre. Répartissez dans le fond le beurre coupé en très petits morceaux. Saupoudrez de sucre.

Rangez par-dessus les tranches de pommes. Etalez la pâte et posez-la sur les pommes. Piquez légèrement la pâte pour éviter qu'elle gonfle.

Rentrez bien les bords de la pâte entre les pommes et le bord du moule. Enfournez durant 30 min. En fin de cuisson, éteignez le four, entrouvrez la porte et laissez reposer 15 min avant de retourner sur un plat.

ASTUCES
Tours de main

Pour obtenir une garniture compacte sur la pâte, coupez les quartiers de fruits en triangles : ils s'emboîtent mieux les uns dans les autres.

Avant de placer les fruits dans le moule, faites-les cuire au four avec un mélange de 30 g de beurre et 1 cuillerée à soupe de sucre.

Pour encore plus de saveur, ajoutez au sucre en poudre un sachet de sucre vanillé, ou, si vous en aimez le goût, une petite pincée de cannelle en poudre.

ALIGNEMENTS ET RETRAITS DE PARAGRAPHE

6

Ce chapitre va vous permettre de voir comment modifier l'alignement des paragraphes, par exemple pour centrer un titre. Vous allez également apprendre à faire des retraits, pour décaler du texte vers la droite ou vers la gauche.

MODIFIER L'ALIGNEMENT DES PARAGRAPHES

Lorsqu'on saisit du texte, les paragraphes sont, par défaut, alignés sur la marge de gauche. Word propose quatre types d'alignements : gauche, centré, droite et justifié (un paragraphe justifié est aligné sur la gauche et sur la droite).

Pour modifier l'alignement des paragraphes, commencez par positionner le point d'insertion ou sélectionnez les paragraphes concernés. Utilisez ensuite une ou plusieurs icônes dans la barre d'outils Mise en forme ou choisissez Paragraphe dans le menu Format.

1 *Par le menu*

Vous avez accès à toutes les options d'alignements de paragraphe dans le menu Format :

1. Cliquez sur le menu Format, puis sur la commande Paragraphe.

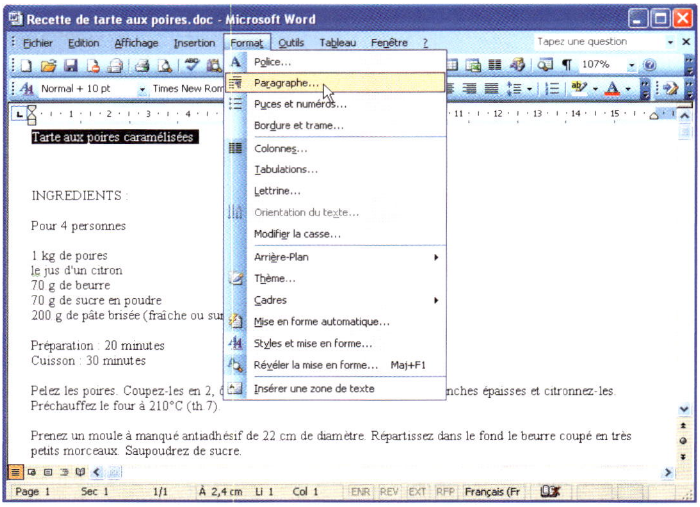

2. Sélectionnez l'alignement désiré dans la liste déroulante de la zone Alignement. Utilisez pour cela l'icône représentant une petite pointe vers le bas située à droite de l'alignement par défaut, qui signifie que vous pouvez, en cliquant dessus, avoir accès à d'autres options que celle qui est appliquée pour l'instant (et donc visible dans la zone Alignement).
3. Validez en cliquant sur OK.

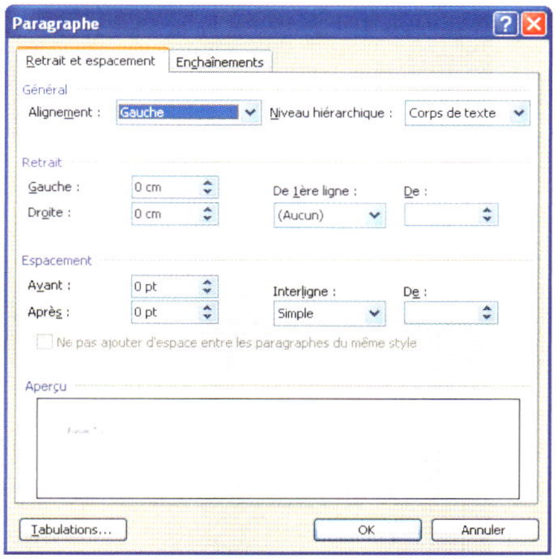

2 Par les outils

La barre d'outils Mise en forme contient tous les outils nécessaires pour modifier les alignements de paragraphe.

Sélectionnez les paragraphes ou cliquez sur le paragraphe concerné, puis cliquez sur l'icône :

-  Aligné à gauche pour obtenir un alignement à gauche ;
-  Au centre pour obtenir un alignement centré ;
-  Aligné à droite pour obtenir un alignement à droite ;
-  Justifié pour obtenir un alignement justifié à gauche et à droite.

DÉFINIR DES RETRAITS

Vous pouvez définir des retraits par rapport aux marges de gauche et de droite du document. Ces retraits peuvent être positifs (pour un retrait à gauche, le texte sera poussé vers la droite, et pour un retrait à droite, il sera poussé vers la gauche), ou négatifs (dans ce cas, vous pourrez écrire dans les marges).

Vous pouvez aussi décaler uniquement la première ligne d'un paragraphe par rapport aux lignes suivantes. Ainsi, vous créez un alinéa comme il est d'usage dans les courriers et dans d'autres textes imprimés.

Positionnez le point d'insertion sur le paragraphe à modifier ou sélectionnez les paragraphes concernés, puis utilisez la règle (voir, au Chapitre 1, l'atelier « Description de la fenêtre de Word ») ou la commande Paragraphe dans le menu Format.

1 Avec la règle

Pour effectuer un retrait à gauche :

1. Pointez le carré en bas du repère (voir figure ci-dessous).
2. Une info-bulle contenant le texte « Retrait à gauche » apparaît au niveau du pointeur.

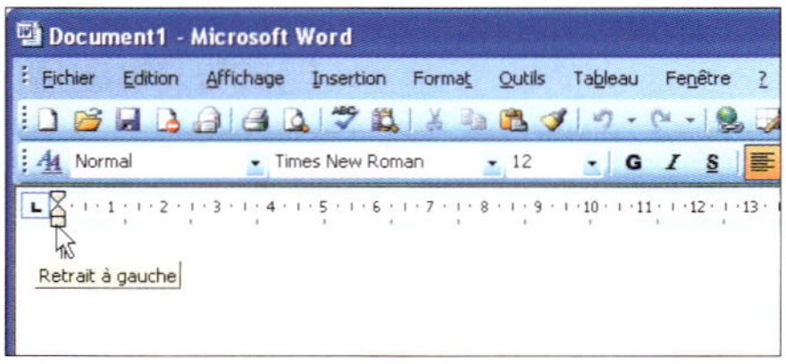

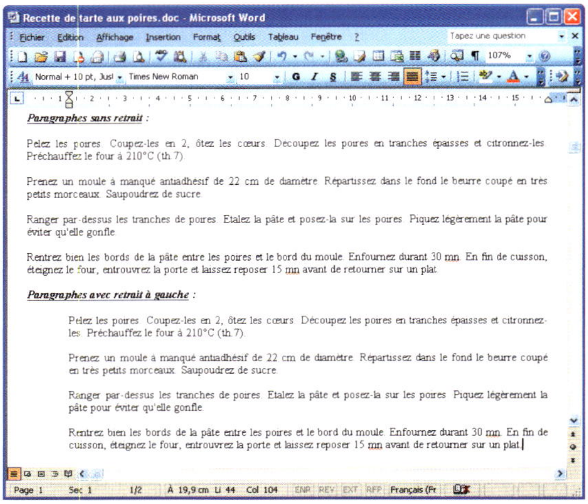

3. Cliquez sur le carré, maintenez le bouton enfoncé et faites glisser la souris.
   Toutes les lignes du paragraphe bougent.

Pour effectuer un retrait à gauche sans bouger la première ligne :

1. Pointez le triangle placé au-dessus du repère.
2. Une info-bulle contenant le texte « Retrait négatif » apparaît au niveau du pointeur.

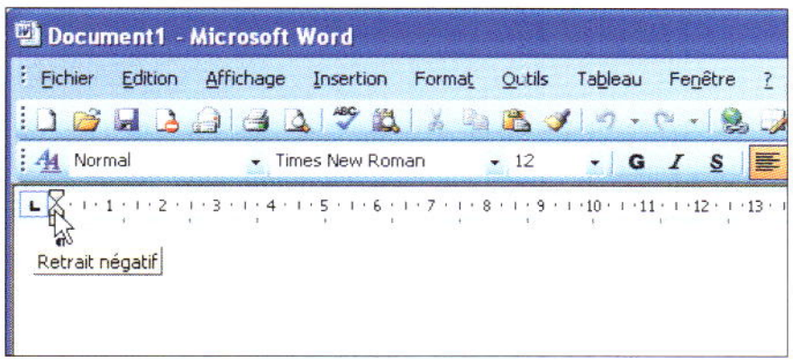

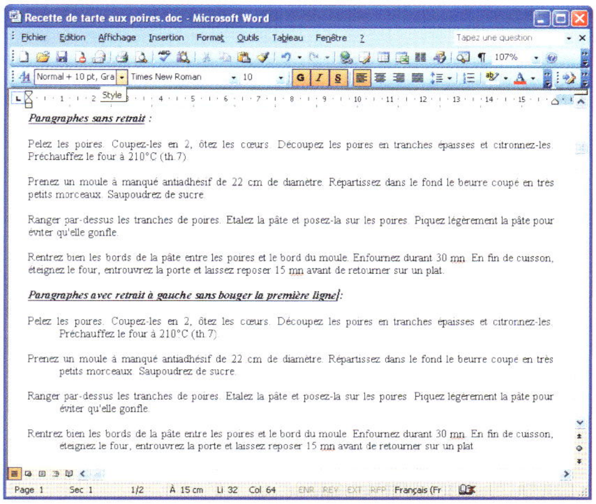

3. Cliquez sur le triangle, maintenez, et faites glisser la souris.

Pour effectuer un retrait à droite :

1. Pointez le triangle à droite de la règle.
2. Une info-bulle contenant le texte « Retrait à droite » apparaît au niveau du pointeur.

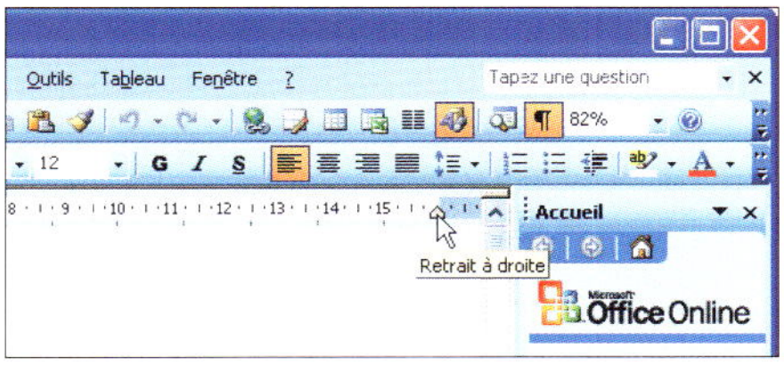

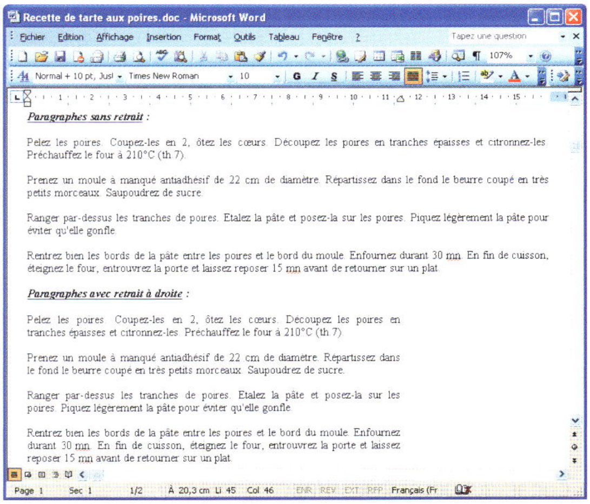

3. Cliquez sur le triangle, maintenez, et faites glisser la souris.

Retrait de la première ligne :

1. Pointez le triangle en haut du repère.
2. Une info-bulle contenant le texte « Retrait de la première ligne » apparaît.

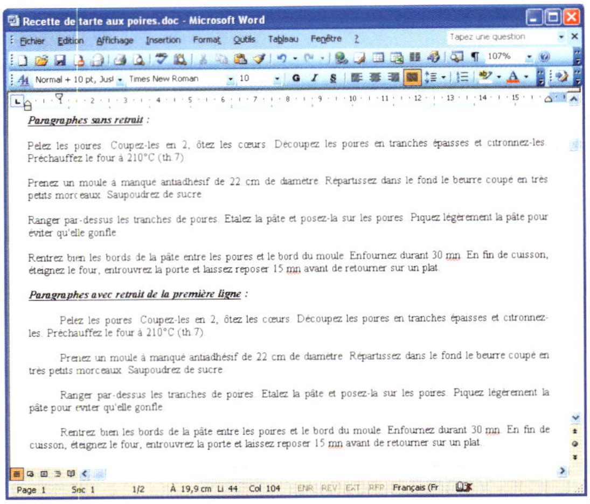

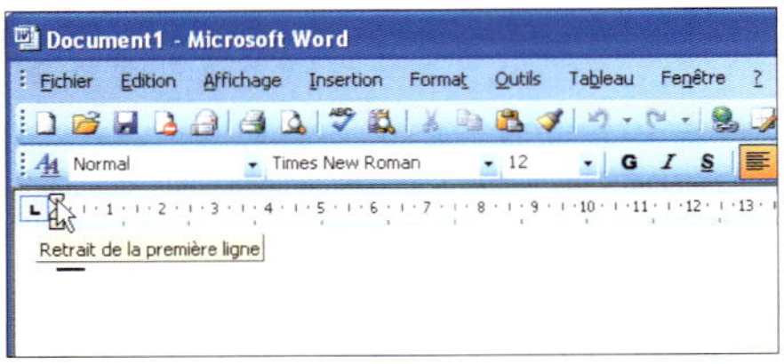

3. Cliquez sur le triangle, maintenez, et faites glisser la souris.

2 Avec le menu Format

Vous pouvez définir des retraits de paragraphe en utilisant le menu Format. Grâce à cette méthode, vous obtiendrez un retrait plus précis en ce qui concerne sa valeur :

1. Lancez la commande Paragraphe dans le menu Format. Une boîte de dialogue apparaît.
2. Si besoin est, cliquez sur l'onglet Retrait et espacement.
3. Définissez la valeur du retrait à gauche dans la zone Gauche (a).
4. Définissez la valeur du retrait à droite dans la zone Droite (b).
5. Pour un retrait sur la première ligne, choisissez Positif ou Négatif dans la liste de première ligne (c), puis saisissez la valeur du retrait dans la zone De (d).

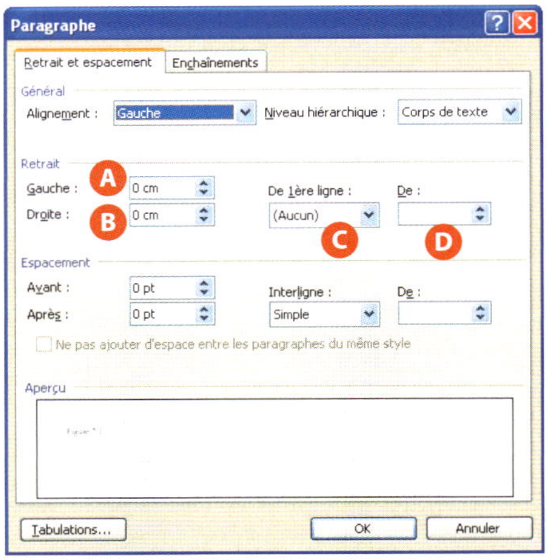

3 Avec les outils

Vous pouvez utiliser la barre d'outils Mise en forme pour effectuer un retrait à gauche. Souvenez-vous que pour afficher une barre d'outils, il suffit de cliquer sur le menu Affichage, de positionner le pointeur, sans cliquer, sur Barres d'outils (les barres d'outils apparaissent dans un menu contextuel), et de faire votre choix parmi celles-ci en cliquant sur celle qui vous intéresse. Les coches à gauche des Barres d'outils indiquent celles qui sont affichées.

Dans Word, une coche signifie toujours qu'un élément est actif. Lorsque vous tombez, dans une boîte de dialogue, sur un élément que vous ne parvenez pas à sélectionner, voyez s'il est précédé d'un petit carré blanc ; si c'est le cas, il suffit de cliquer dans ce carré pour faire apparaître une coche, ce qui signifie que votre choix est pris en compte. C'est le cas, par exemple, si vous cliquez sur le menu Format, puis sur Police : dans l'onglet Police, style et Attributs, les attributs sont à cocher.

Cliquez sur l'icône (Augmenter le retrait) autant de fois que nécessaire pour augmenter le retrait, ou sur l'icône (Diminuer le retrait) pour réduire le retrait.

A titre d'exemple, dans notre recette, entraînez-vous à centrer le titre et à justifier les autres paragraphes. Effectuez un petit retrait à gauche (environ un centimètre) sur les paragraphes qui expliquent la recette : depuis « Pelez les pommes » jusqu'à « retourner sur un plat ». Justifiez aussi les trois derniers paragraphes.

Exercice N°5

Tarte aux pommes caramélisées

Préparation : 20 minutes
Cuisson : 30 minutes

INGREDIENTS :

Pour 4 personnes

1 kg de pommes
le jus d'un citron
70 g de beurre
70 g de sucre en poudre
200 g de pâte brisée (fraîche ou surgelée)

Pelez les pommes. Coupez-les en deux, ôtez les cœurs. Découpez les pommes en tranches épaisses et citronnez-les. Préchauffez le four à 210°C (th.7).

Prenez un moule à manqué antiadhésif de 22 cm de diamètre. Répartissez dans le fond le beurre coupé en très petits morceaux. Saupoudrez de sucre.

Rangez par-dessus les tranches de pommes. Etalez la pâte et posez-la sur les pommes. Piquez légèrement la pâte pour éviter qu'elle gonfle.

Rentrez bien les bords de la pâte entre les pommes et le bord du moule. Enfournez durant 30 min. En fin de cuisson, éteignez le four, entrouvrez la porte et laissez reposer 15 min avant de retourner sur un plat.

ASTUCES
Tours de main

Pour obtenir une garniture compacte sur la pâte, coupez les quartiers de fruits en triangles : ils s'emboîtent mieux les uns dans les autres.

Avant de placer les fruits dans le moule, faites-les cuire au four avec un mélange de 30 g de beurre et 1 cuillerée à soupe de sucre.

Pour encore plus de saveur, ajoutez au sucre en poudre un sachet de sucre vanillé, ou, si vous en aimez le goût, une petite pincée de cannelle en poudre.

ALLER PLUS LOIN

Pour « aérer » le texte, vous pouvez modifier l'**interligne** et l'espace avant et/ou après les paragraphes.

L'**interligne** est l'espace entre les lignes d'un même paragraphe. Par défaut, les paragraphes ont un interligne dit « simple » avec une valeur de 12 points. Le point est l'unité de mesure utilisée pour les caractères.

1 Modifier l'interligne

L'interligne est l'espace défini entre les différentes lignes d'un même paragraphe. Pour modifier ce paramètre, vous pouvez, au choix, utiliser une commande du menu Format ou les outils de la barre d'outils Mise en forme.

Par le menu

Le menu Format vous permet d'appliquer des interlignes plus importants, avec différentes options.

1. Positionnez le point d'insertion ou sélectionnez les paragraphes concernés.
2. Cliquez sur le menu Format, puis sur la commande Paragraphe.
3. Sélectionnez (si nécessaire) l'onglet Retrait et espacement.
4. Choisissez votre interligne dans la zone déroulante Interligne en cliquant sur l'icône qui représente une petite pointe vers le bas.

Dans les choix d'interlignes proposés :
Au moins vous permet d'entrer la valeur en points que vous souhaitez. Cette valeur pourra augmenter en fonction de la taille des caractères.
En choisissant **Exactement**, vous pouvez aussi définir une valeur en points, mais l'interligne sera fixe.
Avec **Multiple**, la valeur entrée exprime un multiple d'un interligne simple et non une valeur en points.

Par les outils

La barre d'outils contient les outils nécessaires à la modification d'interlignes courants.

1. Positionnez le point d'insertion ou sélectionnez les paragraphes concernés.
2. Dans la barre d'outils Mise en forme, cliquez sur la flèche associée à l'outil Interligne, puis choisissez l'interligne.

2 Modifier l'espace avant/après

La commande Paragraphe dans le menu Format vous permet également de modifier l'espacement entre les paragraphes. Cet espacement peut être défini au-dessus et/ou en dessous.

1. Positionnez le point d'insertion ou sélectionnez les paragraphes concernés.
2. Cliquez sur le menu Format, puis sur la commande Paragraphe.
3. Cliquez si besoin est sur l'onglet Retrait et espacement.
4. Dans la zone Espacement, entrez le nombre de points désirés dans Avant et/ou dans Après.

L'espace entre deux paragraphes cumule l'espace Après du paragraphe supérieur et l'espace Avant du paragraphe inférieur.
Pour information, 12 points correspondent à une ligne.

NUMÉROTER UNE LISTE

7

Ce chapitre va vous montrer comment numéroter automatiquement une liste de paragraphes, et comment faire débuter plusieurs paragraphes par une puce.

Une **puce** est un caractère spécial qui peut être un gros point, une jolie flèche, un tiret ou une petite image. Ce caractère sera positionné systématiquement en début de paragraphe.

INSÉRER UN NUMÉRO DEVANT CHAQUE PARAGRAPHE

Vous avez une liste à saisir et vous désirez que chaque paragraphe de celle-ci débute par un chiffre en ordre croissant ? Cette technique va faciliter votre travail :

1. Positionnez le point d'insertion sur le paragraphe ou sélectionnez les paragraphes concernés.
2. Dans la barre d'outils Mise en forme, cliquez sur l'icône Numérotation .

Les numéros insérés automatiquement par Word ou les caractères qui l'entourent ne vous conviennent pas ? Il va falloir personnaliser la numérotation :

1. Sélectionnez les paragraphes concernés.
2. Lancez la commande Puces et numéros dans le menu Format.
3. Cliquez sur l'onglet Numéros.

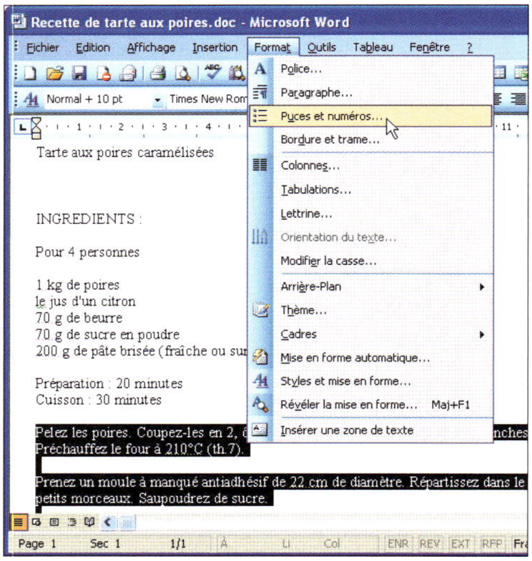

Une boîte de dialogue apparaît.

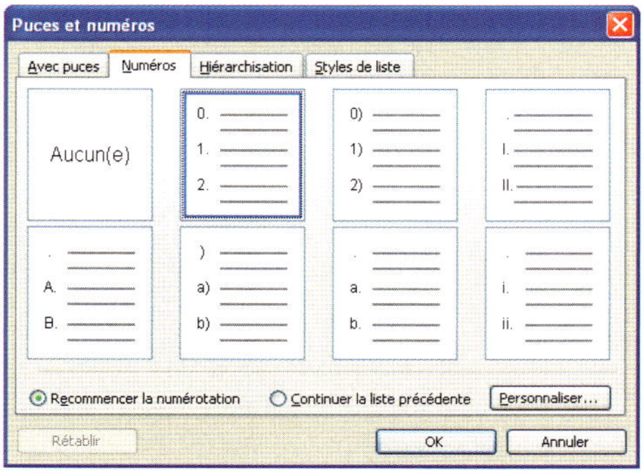

4. Choisissez un des formats proposés ou cliquez sur Personnaliser.

   Si vous optez pour « Personnaliser », une nouvelle boîte de dialogue apparaît.

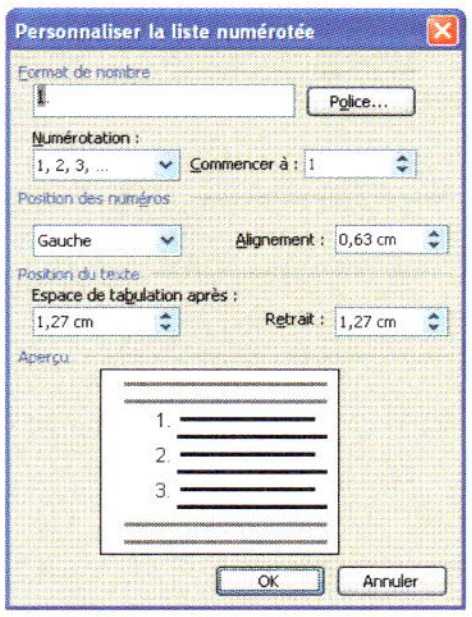

5. Choisissez la numérotation voulue dans la liste déroulante Numérotation. Pour cela, cliquez sur la pointe dirigée vers le bas. Un menu déroulant apparaît et vous propose plusieurs choix de numérotation : chiffres, chiffres romains, lettres, etc.
6. Cliquez dans la zone Format de nombre pour (le cas échéant) saisir les caractères que vous souhaitez insérer avant ou après les numéros.
7. Renseignez éventuellement les zones Position des numéros et Position du texte.
8. Cliquez sur le bouton Police pour modifier la police, le style ou la couleur des numéros.
9. Pour valider vos choix, cliquez sur OK.

INSÉRER UNE PUCE DEVANT CHAQUE PARAGRAPHE

Vous tapez une liste et vous aimeriez que chaque paragraphe commence par un caractère spécial, par exemple un tiret, un gros point ou une image ? Vous voudriez mettre en évidence un paragraphe en insérant devant celui-ci une jolie flèche ? Voici comment faire :

1. Positionnez le point d'insertion sur le paragraphe ou sélectionnez les paragraphes concernés.
2. Cliquez dans la barre d'outils Mise en forme sur l'icône Puces.

Si la puce insérée ne vous convient pas, procédez comme suit pour choisir autre chose :

1. Sélectionnez les paragraphes concernés.
2. Cliquez sur le menu Format, puis sur la commande Puces et numéros.
3. Cliquez, s'il est besoin, sur l'onglet Avec puces.

   Une boîte de dialogue apparaît.

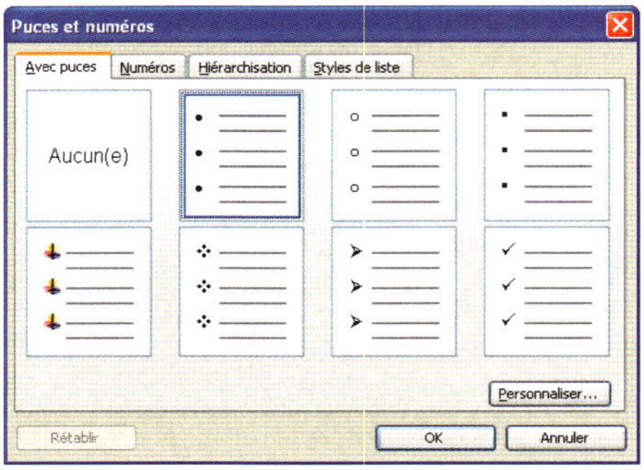

4. Choisissez une des puces proposées ou cliquez sur Personnaliser.

   Une nouvelle boîte de dialogue apparaît.

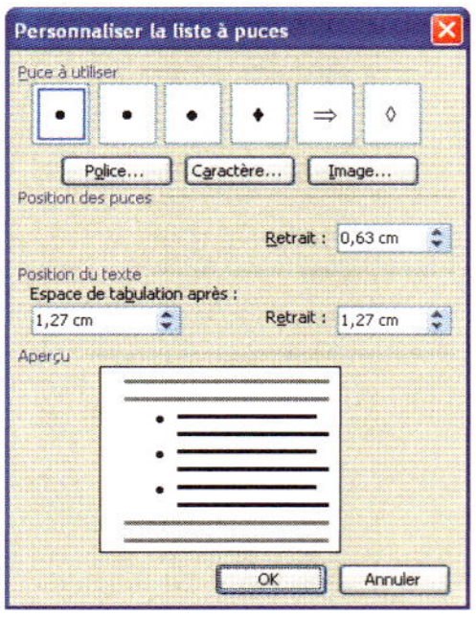

5. Cliquez sur une des six puces proposées ou cliquez sur Caractère (ou sur Image) pour afficher une liste des caractères spéciaux (d'images).
6. Choisissez une puce et cliquez dessus.
7. Renseignez éventuellement les zones Position des puces et Position du texte.
8. Cliquez sur le bouton Police pour modifier la police, le style ou la couleur des puces.
9. Validez en cliquant sur OK.

Toujours dans votre recette de tarte, insérez des numéros devant les quatre paragraphes sur lesquels vous avez effectué un retrait à gauche de 3 centimètres, et insérez des puces sur les trois derniers paragraphes.

Exercice N°6

Tarte aux pommes caramélisées

✓ Préparation : 20 minutes
✓ Cuisson : 30 minutes

INGREDIENTS :

Pour 4 personnes

- *1 kg de pommes*
- *le jus d'un citron*
- *70 g de beurre*
- *70 g de sucre en poudre*
- *200 g de pâte brisée (fraîche ou surgelée)*

1) Pelez les pommes. Coupez-les en deux, ôtez les cœurs. Découpez les pommes en tranches épaisses et citronnez-les. Préchauffez le four à 210°C (th. 7).

2) Prenez un moule à manqué antiadhésif de 22 cm de diamètre. Répartissez dans le fond le beurre coupé en très petits morceaux. Saupoudrez de sucre.

3) Rangez par-dessus les tranches de pommes. Etalez la pâte et posez-la sur les pommes. Piquez légèrement la pâte pour éviter qu'elle gonfle.

4) Rentrez bien les bords de la pâte entre les pommes et le bord du moule. Enfournez durant 30 min. En fin de cuisson, éteignez le four, entrouvrez la porte et laissez reposer 15 min avant de retourner sur un plat.

ASTUCES
Tours de main

➢ Pour obtenir une garniture compacte sur la pâte, coupez les quartiers de fruits en triangles : ils s'emboîtent mieux les uns dans les autres.

➢ Avant de placer les fruits dans le moule, faites-les cuire au four avec un mélange de 30 g de beurre et 1 cuillerée à soupe de sucre.

➢ Pour encore plus de saveur, ajoutez au sucre en poudre un sachet de sucre vanillé, ou, si vous en aimez le goût, une petite pincée de cannelle en poudre.

Si vous numérotez ou insérez une puce devant un paragraphe avant de saisir le texte (un titre par exemple), vous utiliserez le raccourci clavier Maj+Entrée (gardez la touche Maj enfoncée, puis appuyez sur Entrée) pour revenir à la ligne sans générer un nouveau numéro ou une nouvelle puce. Cela correspond à un saut de ligne manuel, qui signale à Word que, malgré le changement de ligne forcé, on reste au sein d'un même paragraphe.

RÉALISER DES BORDURES ET DES TRAMES DE FOND

8

Les bordures et les trames de fond peuvent ajouter un effet et accroître l'impact visuel des différentes parties de votre document. Ces bordures et ces trames peuvent être réalisées sur le texte, sur des paragraphes ou sur des pages entières.

LES BORDURES DE TEXTE

Pour mettre vraiment en évidence certains points d'un texte, voici un moyen simple mais efficace : encadrez-les.

1 Utiliser le menu Format

Le menu Format vous permettra d'avoir accès à toutes les options possibles au niveau des styles et des couleurs.

1. Sélectionnez les caractères à encadrer.
2. Cliquez sur le menu Format et choisissez-y la commande Bordure et trame.

   Une boîte de dialogue apparaît.

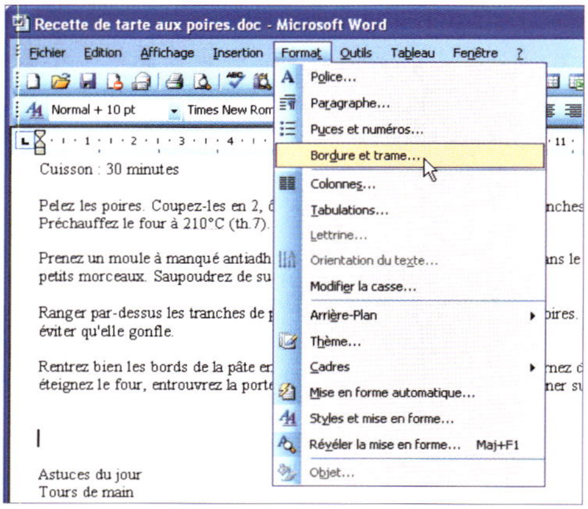

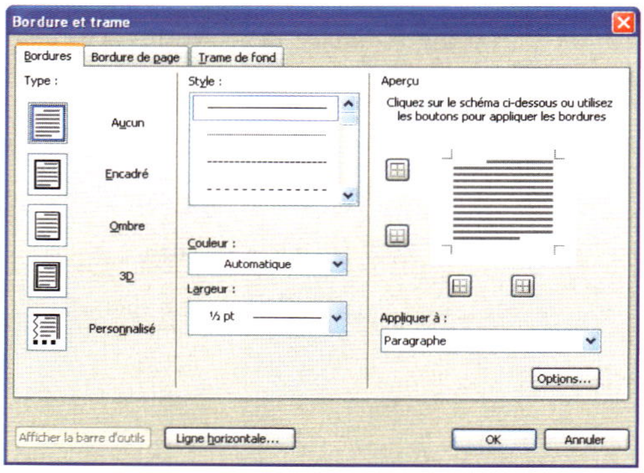

3. Cliquez sur l'onglet Bordures.
4. Choisissez le style, la couleur et la largeur (l'épaisseur du trait) dans les différentes listes déroulantes.
5. Dans la zone Type, choisissez un des trois formats prédéfinis : Encadré, Ombre ou 3D. Par défaut, la case Aucun est sélectionnée. Si vous optez pour le type Personnalisé, vous pouvez choisir, pour chaque côté de votre bordure un style, une couleur et une largeur. Cette option vous sera utile lorsque vous souhaiterez appliquer des styles différents à un même texte ou paragraphe.

6. Pour appliquer votre bordure à tout le paragraphe, cliquez sur le menu déroulant de la fonction Appliquer à. Vous avez le choix entre Paragraphe et Texte. Par défaut, la bordure sera uniquement autour du texte. En cliquant sur Paragraphe, la bordure se positionnera entre les deux marques de fin de paragraphes. Il est possible de superposer les deux types de bordures.

7. Pour appliquer une trame de fond aux caractères sélectionnés, cliquez sur l'onglet Trame de fond, puis choisissez la couleur de fond dans la zone Remplissage. Si vous souhaitez obtenir un mélange de deux couleurs, après avoir choisi une première couleur, vous pouvez choisir un style dans la zone Trame, puis une couleur d'avant-plan dans la zone Couleur.

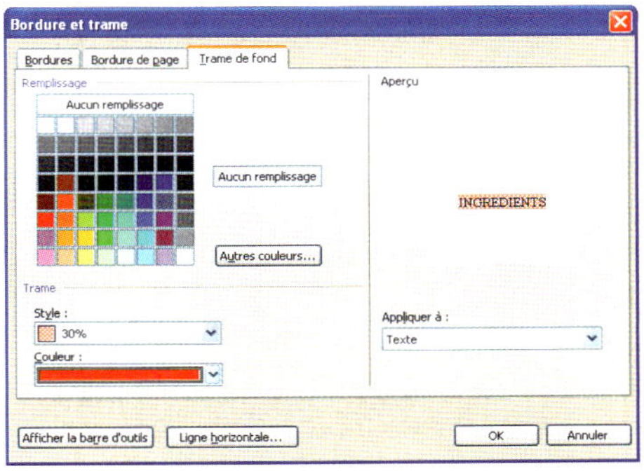

2 Utiliser la barre d'outils Tableaux et bordures

La barre d'outils Tableaux et bordures contient néanmoins tous les outils nécessaires pour réaliser vos bordures.

1. Affichez la barre d'outils Tableaux et bordures, soit en cliquant sur l'icône Tableaux et bordures de la barre d'outils Standard , soit en lançant la commande Barres d'outils/Tableaux et bordures dans le menu Affichage.

   La barre d'outils Tableaux et bordures apparaît.

2. Sélectionnez les caractères à encadrer.
3. Choisissez ensuite dans la liste (voir figure p. 68) :
   a. le style du trait ;
   b. l'épaisseur du trait ;
   c. la couleur du trait ;
   d. la couleur de remplissage.

4. Cliquez enfin sur le bouton Bordure extérieure (e. sur la figure) pour avoir un encadrement complet.

   Ou sur la flèche associée à ce bouton pour choisir dans la liste l'emplacement du trait (bordure inférieure, supérieure, droite ou gauche).

   Ou sur le bouton Aucune bordure pour supprimer la bordure.

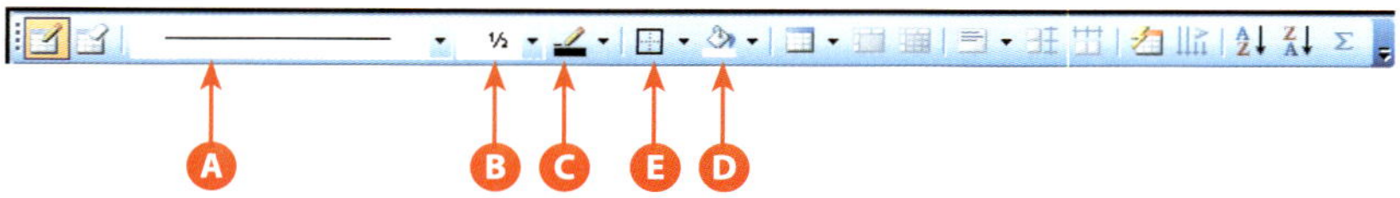

LES BORDURES DE PARAGRAPHE

De la même façon que vous appliquez des bordures à des mots, il est possible de définir des bordures sur des paragraphes.

1 A l'aide de la boîte de dialogue Bordure et trame

Le menu Format vous permettra d'accéder à tous les choix possibles au niveau des styles et des couleurs.

1. Positionnez le point d'insertion sur le paragraphe, ou sélectionnez le ou les paragraphes à encadrer.
2. Cliquez sur le menu Format, puis choisissez-y la commande Bordure et trame.
3. Procédez à vos choix de style, couleur, largeur, en cliquant sur les onglets et les options proposées, comme vous l'avez fait dans l'atelier précédent.
4. Dans la zone Aperçu, pour personnaliser l'encadrement, cliquez sur les boutons représentant les côtés sur lesquels la bordure sera ou ne sera pas appliquée.

5. Cliquez sur Options si vous désirez modifier la distance entre le texte et la bordure.

2 Utiliser la barre d'outils Tableaux et bordures

La barre d'outils Tableaux et bordures contient néanmoins tous les outils nécessaires pour réaliser vos bordures.

1. Positionnez le point d'insertion sur le paragraphe, ou sélectionnez le ou les paragraphes à encadrer.
2. Procédez à vos choix de style, couleur, largeur, en cliquant sur les outils qui vous sont nécessaires dans la barre d'outils Tableaux et bordures.

Lors de la sélection des paragraphes, prenez bien soin de sélectionner le symbole représentant la fin du paragraphe (voir la section intitulée « Afficher/masquer les marques non imprimables » du Chapitre 1).

3 Réduire une bordure de paragraphe en largeur

Les bordures de paragraphe sont bien souvent employées pour encadrer un titre. La bordure prend la dimension de la page en largeur : elle s'étend de la marge de gauche jusqu'à la marge de droite.

Pour réduire (ou agrandir) cette bordure en largeur, il suffit de sélectionner le paragraphe et de modifier le retrait à gauche (avant le texte) et/ou le retrait à droite (après le texte). Pour ce faire, vous pouvez utiliser la commande Paragraphe dans le menu Format ou les repères situés à gauche et à droite de la règle (voir l'atelier « Définir des retraits » au Chapitre 6).

LES BORDURES DE PAGE

Bien sûr, tout dépend de ce que l'on écrit. Pour un courrier adressé à une administration, inutile de l'agrémenter d'une bordure de page ! Par contre, si vous tapez (par exemple) un menu, le fait d'encadrer la page le rendra peut-être plus attractif.

1 Réaliser une bordure simple

La page sera entourée avec une ligne simple, double ou triple, plus ou moins épaisse, noire ou en couleurs.

1. Positionnez le point d'insertion n'importe où dans la page.
2. Cliquez sur le menu Format, puis sur la commande Bordure et trame, et enfin sur l'onglet Bordure de page.
3. Choisissez un style de bordure, une couleur et une largeur, puis validez en cliquant sur OK.

2 Réaliser une bordure avec motifs

Pour avoir une bordure de page plus sophistiquée, vous disposez d'un grand choix de motifs noirs ou en couleurs.

1. Positionnez le point d'insertion n'importe où dans la page.
2. Cliquez sur le menu Format, puis sur la commande Bordure et trame, et enfin sur l'onglet Bordure de page.
3. Dans la liste déroulante Motif, choisissez le motif approprié (vous déroulerez la liste grâce à l'icône qui représente une pointe dirigée vers le bas).
4. Dans la zone Largeur, diminuez éventuellement le nombre de points pour réduire le motif.

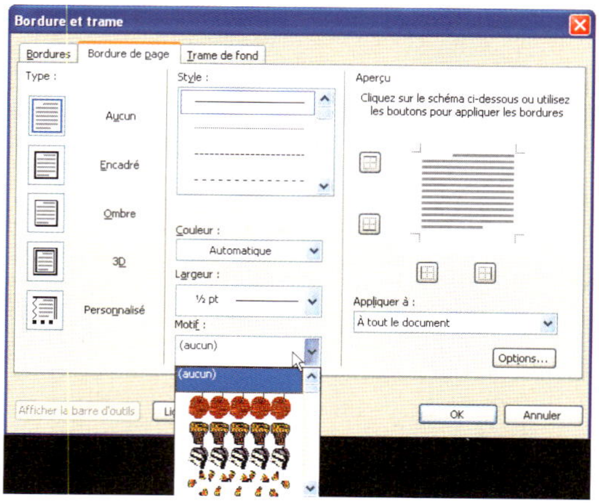

Pensez à passer de l'affichage Normal à l'affichage Page et inversement, et à masquer et afficher alternativement les caractères invisibles (marques non imprimables) aussi souvent que nécessaire. C'est le seul moyen de savoir réellement où vous en êtes. Voir, au Chapitre 1, l'atelier « Les différents modes d'affichage ».

Pour appliquer ce que vous venez d'apprendre sur les bordures, vous allez créer des encadrements dans la recette de la tarte : ajoutez une ligne pointillée entre les ingrédients et la suite, encadrez les paragraphes ASTUCES et *Tours de main*. Pour égayer votre recette, vous pouvez aussi réaliser une bordure de page.

Exercice N°7

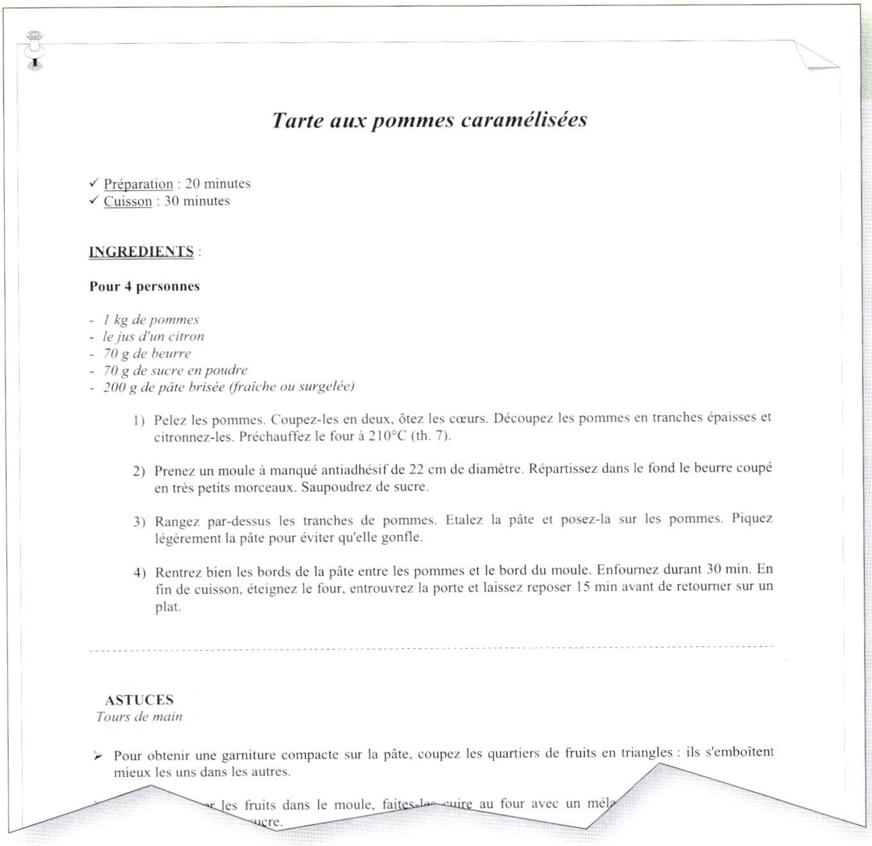

Tarte aux pommes caramélisées

✓ Préparation : 20 minutes
✓ Cuisson : 30 minutes

INGREDIENTS :

Pour 4 personnes

- *1 kg de pommes*
- *le jus d'un citron*
- *70 g de beurre*
- *70 g de sucre en poudre*
- *200 g de pâte brisée (fraîche ou surgelée)*

1) Pelez les pommes. Coupez-les en deux, ôtez les cœurs. Découpez les pommes en tranches épaisses et citronnez-les. Préchauffez le four à 210°C (th. 7).
2) Prenez un moule à manqué antiadhésif de 22 cm de diamètre. Répartissez dans le fond le beurre coupé en très petits morceaux. Saupoudrez de sucre.
3) Rangez par-dessus les tranches de pommes. Etalez la pâte et posez-la sur les pommes. Piquez légèrement la pâte pour éviter qu'elle gonfle.
4) Rentrez bien les bords de la pâte entre les pommes et le bord du moule. Enfournez durant 30 min. En fin de cuisson, éteignez le four, entrouvrez la porte et laissez reposer 15 min avant de retourner sur un plat.

ASTUCES
Tours de main

➢ Pour obtenir une garniture compacte sur la pâte, coupez les quartiers de fruits en triangles : ils s'emboîtent mieux les uns dans les autres.

➢ ...r les fruits dans le moule, faites-l... cuire au four avec un mél...
...ucre.

ALIGNER GRÂCE AUX TABULATIONS

9

Il est possible d'aligner verticalement les éléments de différentes lignes en utilisant des tabulations. Ces dernières apparaissent sur la règle. Ce chapitre va vous montrer comment les mettre en œuvre.

CHOISIR L'ALIGNEMENT ET L'EMPLACEMENT DES TABULATIONS

Word propose cinq types de tabulations : à gauche, centrée, à droite, décimale et barre.

1 Les tabulations par défaut

Les tabulations apparaissent sur la règle (la règle est, rappelons-le, l'espace gradué qui se trouve juste au-dessus de la zone de saisie) sous la forme de petites encoches.

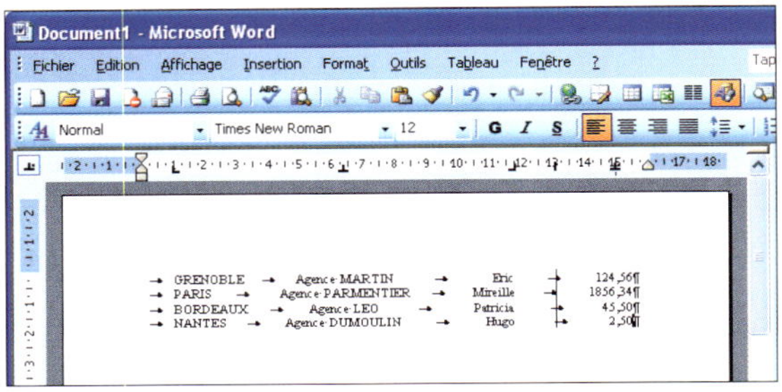

Appuyez sur la touche Tabulation de votre clavier (si le mot Tab n'apparaît pas sur la touche, vous la reconnaîtrez aux deux flèches tête-bêche avec des butées). 

Si vous ne définissez aucune tabulation personnalisée, des petits traits espacés de 1,25 cm apparaissent dans la partie inférieure de la règle. Ils correspondent aux tabulations par défaut et ont le même effet que les **retraits à gauche** (voir, au Chapitre 6, l'atelier « Définir des retraits »).

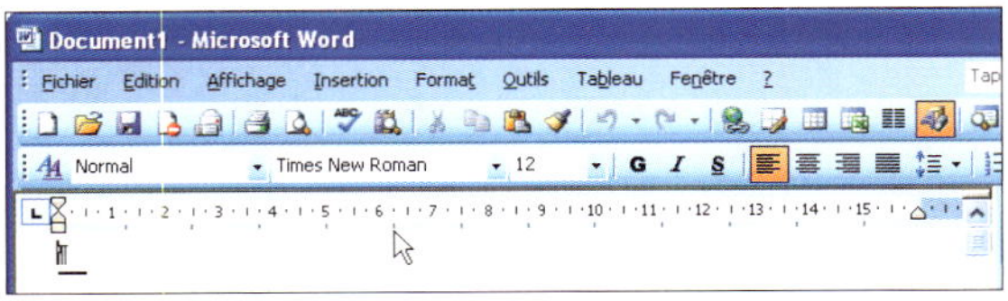

Les retraits à gauche (et les tabulations à gauche) sont ainsi appelés parce qu'ils permettent d'aligner un texte sur sa partie gauche tout en l'éloignant de la marge.

2 Définir une tabulation avec la règle

Cette méthode est la plus rapide pour aligner un texte à gauche. De plus, elle vous permettra de vous repérer dans la page pour mieux évaluer l'emplacement de vos tabulations.

1. Sélectionnez le ou les paragraphes que vous voulez éloigner de la marge et aligner entre eux.
2. Déplacez le petit carré à gauche sur la règle (dont l'info-bulle est Retrait à gauche).
3. Appuyez sur la touche Tabulation de votre clavier jusqu'à ce que le texte ait atteint le taquet de tabulation visible dans la règle.

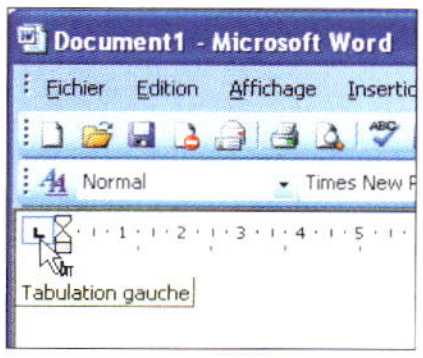

3 Définir une tabulation à l'aide d'une boîte de dialogue

Ce procédé est plus précis quant à la position exacte des tabulations.

1. Placez votre curseur devant le paragraphe que vous voulez éloigner de la marge.
2. Lancez la commande Tabulations dans le menu Format.

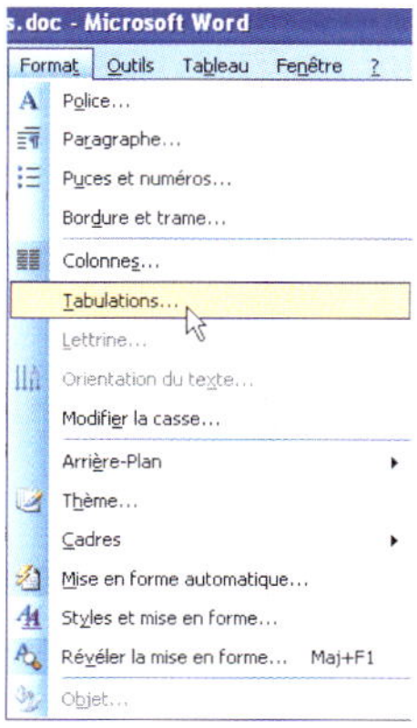

3. Dans la zone de saisie nommée Position, tapez une valeur en centimètres.
4. Choisissez l'alignement (le plus souvent, il s'agira d'un alignement Gauche).
5. Cliquez sur Définir et validez en cliquant sur OK si vous ne vouliez définir qu'un retrait.

   Si vous voulez définir d'autres retraits, faites-le avant de cliquer sur OK.

6. Pour déplacer le bloc de texte, appuyez sur la touche Tabulation de votre clavier.

4 Les points de suite

Vous pouvez agrémenter l'espace laissé blanc devant la tabulation par des « points de suite », c'est-à-dire par une suite de petits points (comme dans le sommaire de ce livre), de tirets ou un soulignement. Chaque tabulation d'un paragraphe peut avoir son propre type de points de suite.

1. Placez votre curseur devant le paragraphe concerné.
2. Cliquez sur le menu Format, puis choisissez-y la commande Tabulations.
3. Sélectionnez la position de la tabulation qui sera précédée de points de suite (créez-la si nécessaire).
4. Choisissez le type dans la zone Points de suite en cliquant sur l'un des ronds blancs (visibles à gauche de chaque choix).
5. Validez en cliquant sur le bouton OK.
6. Pour déplacer le bloc de texte, appuyez sur la touche Tabulation de votre clavier. Les points de suite apparaissent automatiquement.

UTILISER DES TABULATIONS

Vous allez devoir utiliser la touche Tabulation pour positionner le point d'insertion sur les tabulations que vous avez définies sur la règle. Soyez précis dans l'utilisation de cette touche, car une impulsion en plus ou en moins peut totalement modifier l'alignement de votre texte.

Vous devez poser les tabulations sur la règle avant de saisir le paragraphe sur lequel elles vont être utilisées.

1 En groupant toutes les lignes dans un seul paragraphe

Appuyez sur la touche Tabulation du clavier pour atteindre le premier taquet de tabulation, tapez le texte, appuyez à nouveau sur la touche Tabulation pour atteindre le deuxième taquet, tapez le texte, et ainsi de suite jusqu'au dernier taquet. Pour passer à la ligne suivante, maintenez la touche Maj enfoncée et appuyez sur la touche Entrée. Ainsi, vous changez de ligne, mais pas de paragraphe (vous changeriez de paragraphe si vous n'appuyiez que sur la touche Entrée).

Cette méthode facilite les modifications éventuelles que vous apporterez aux tabulations : changement d'alignement, déplacement de tabulation, etc. Vous positionnerez le point d'insertion sur n'importe quelle ligne du paragraphe pour faire ces rectifications.

2 En créant un paragraphe par ligne

Appuyez sur la touche Tabulation du clavier pour atteindre le premier taquet de tabulation, tapez le texte, appuyez à nouveau sur la touche Tabulation pour atteindre le deuxième taquet, tapez le texte, et ainsi de suite jusqu'au dernier taquet. Pour passer à la ligne suivante, appuyez sur la touche Entrée du clavier.

Attention ! Chaque ligne étant un nouveau paragraphe, en cas de modification, sélectionnez toutes les lignes concernées pour que les changements s'appliquent partout.

MODIFIER, DÉPLACER OU SUPPRIMER DES TABULATIONS

Utiliser des tabulations pour disposer verticalement le texte simplifiera les éventuelles modifications que vous aurez à apporter aux divers éléments alignés.

1 Déplacer les tabulations par la règle

Cette méthode est la plus rapide, mais attention, lorsque vous déplacez votre tabulation, faites bien glisser le pointeur de la souris dans le sens horizontal. Si vous décalez le pointeur très légèrement dans le sens vertical, la tabulation va disparaître et votre texte sera décalé. Dans ce cas, pensez à annuler la dernière opération (voir « Annuler la ou les dernières commandes » au Chapitre 4).

1. Sélectionnez le ou les paragraphes concernés par cette modification.
2. Cliquez dans la règle sur la tabulation à déplacer.
3. Faites-la glisser sur la règle jusqu'à sa nouvelle position, en prenant bien soin de ne déplacer le pointeur que dans le sens horizontal.

2 Modifier les tabulations avec la boîte de dialogue Tabulations

Cette méthode est faite pour vous si vous n'êtes pas encore très à l'aise avec la souris.

1. Sélectionnez le ou les paragraphes concernés par la tabulation.
2. Cliquez sur le menu Format, puis sur la commande Tabulations.
3. Sélectionnez la position de la tabulation à modifier.
4. Cliquez sur effacer si vous souhaitez supprimer cette tabulation

5. Tapez éventuellement une nouvelle valeur dans la zone Position.
6. Modifiez l'Alignement et/ou les Points de suite.
7. Validez en cliquant sur le bouton OK ou cliquez sur le bouton Définir pour continuer les modifications.

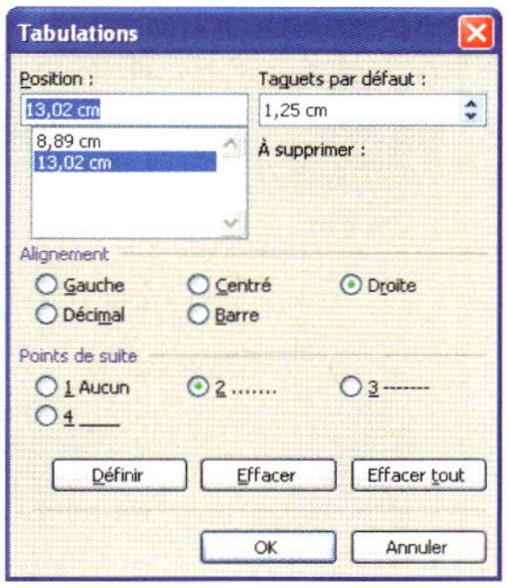

8. Si vous avez changé la position du texte, positionnez votre curseur juste devant le texte à déplacer et cliquez sur la touche Tabulation de votre clavier, le texte sera automatiquement décalé.

3 Supprimer les tabulations avec la règle

Si vous avez créé des tabulations qui ne sont pas nécessaires sur la règle, il est très facile de les faire disparaître :

1. Sélectionnez le ou les paragraphes concernés par cette suppression.
2. Cliquez sur la tabulation à supprimer dans la règle.
3. Maintenez le bouton de la souris enfoncé, et faites glisser l'encoche qui représente la tabulation en dehors de la règle (vers le bas ou vers le haut).
4. Relâchez le bouton de la souris : l'encoche dans la règle a disparu, votre texte est automatiquement disposé avec les valeurs par défaut (la plupart du temps il sera donc à gauche).

4 Supprimer des tabulations avec la boîte de dialogue Tabulations

Vous pouvez choisir d'utiliser la boîte de dialogue Tabulations. La méthode qui suit va vous permettre de supprimer les tabulations indésirables :

1. Sélectionnez le ou les paragraphes concernés par la suppression.
2. Cliquez sur le menu Format, puis sur la commande Tabulations.
3. Sélectionnez la position de la tabulation à supprimer en cliquant dessus.
4. Cliquez sur Effacer (ou Supprimer) dans la boîte de dialogue Tabulations.
5. Validez en cliquant sur le bouton OK.

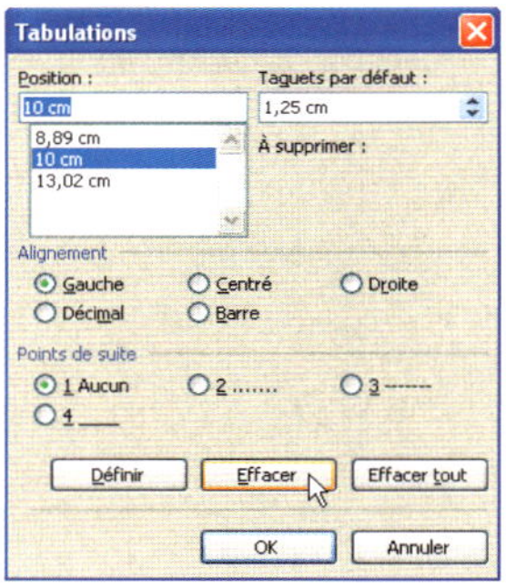

5 Supprimer toutes les tabulations

Pour supprimer toutes les tabulations dans un paragraphe, placez tout d'abord votre curseur au sein de ce paragraphe puis vous pouvez :

- Afficher la boîte de dialogue Tabulations avec la commande Tabulations dans le menu Format, puis cliquer sur le bouton Supprimer tout.
- Appuyer simultanément sur les touches Ctrl et Q.

Pour notre exemple, pensons aux personnes attentives à leur ligne. Vous allez ajouter à la fin de la recette les valeurs énergétiques qui vous permettront de savoir si vous pouvez savourer cette tarte sans culpabiliser.

Pour cela, tapez le texte. Ensuite, définissez une première tabulation à gauche, à 5 cm pour le texte « Et ma ligne ? » ; puis une deuxième tabulation à gauche, à 7 cm pour « 365 kcal/pers ; puis une tabulation à gauche, à 9 cm pour Glucides 37,61 g/Lipides22,60 g/Protides 5,43 g (sélectionnez ces éléments pour que la tabulation les affecte tous) ; et enfin une quatrième tabulation pour aligner à droite et faire précéder de points de suite les valeurs en grammes.

(Tournez la page.)

Exercice N°8

Tarte aux pommes caramélisées

✓ Préparation : 20 minutes
✓ Cuisson : 30 minutes

INGREDIENTS :

Pour 4 personnes

- *1 kg de pommes*
- *le jus d'un citron*
- *70 g de beurre*
- *70 g de sucre en poudre*
- *200 g de pâte brisée (fraîche ou surgelée)*

1) Pelez les pommes. Coupez-les en deux, ôtez les cœurs. Découpez les pommes en tranches épaisses et citronnez-les. Préchauffez le four à 210°C (th. 7).

2) Prenez un moule à manqué antiadhésif de 22 cm de diamètre. Répartissez dans le fond le beurre coupé en très petits morceaux. Saupoudrez de sucre.

3) Rangez par-dessus les tranches de pommes. Etalez la pâte et posez-la sur les pommes. Piquez légèrement la pâte pour éviter qu'elle gonfle.

4) Rentrez bien les bords de la pâte entre les pommes et le bord du moule. Enfournez durant 30 min. En fin de cuisson, éteignez le four, entrouvrez la porte et laissez reposer 15 min avant de retourner sur un plat.

ASTUCES
Tours de main

➢ Pour obtenir une garniture compacte sur la pâte, coupez les quartiers de fruits en triangles : ils s'emboîtent mieux les uns dans les autres.

➢ Avant de placer les fruits dans le moule, faites-les cuire au four avec un mélange de 30 g de beurre et 1 cuillerée à soupe de sucre.

➢ Pour encore plus de saveur, ajoutez au sucre en poudre un sachet de sucre vanillé, ou, si vous en aimez le goût, une petite pincée de cannelle en poudre.

Et ma ligne ?
365 kcal/pers
Glucides.................. 37,61 g
Lipides...................... 22,60 g
Protides...................... 5,43 g

RÉALISER DES TABLEAUX

10

Il est assez fréquent d'utiliser des tableaux pour organiser et présenter des informations. Word propose différents outils facilitant l'insertion et la modification de tableaux dans vos documents. Vous pourrez les personnaliser grâce à une grande variété d'encadrements et de formats prédéfinis.

Un tableau est constitué d'un ensemble de **cellules** (a). Chaque cellule peut contenir un ou plusieurs paragraphes ayant leurs propres caractéristiques, et se termine par une « marque de fin de cellule » (b) non imprimable.

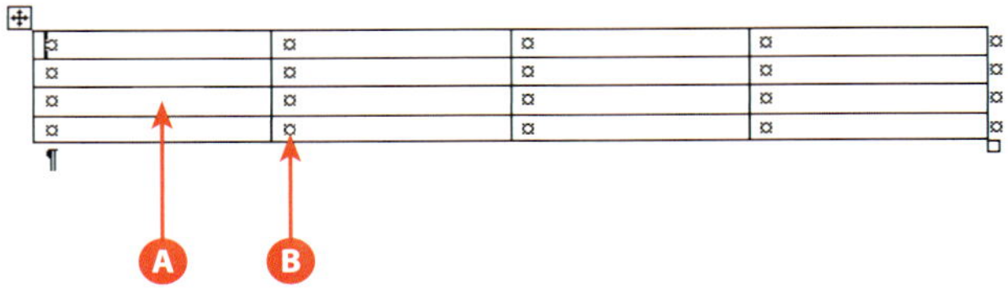

Une cellule est une « case » située à l'intersection d'une ligne horizontale et d'une colonne verticale.

INSÉRER UN TABLEAU

Vous avez le choix entre plusieurs méthodes pour créer un tableau. Vous pouvez utiliser la barre d'outils Standard ou le menu Tableau. Vous pouvez aussi dessiner votre tableau à main levée sur la page. Si vous optez pour cette méthode, vous trouverez la commande dans le menu Tableau et dans la barre d'outils Tableaux et bordures.

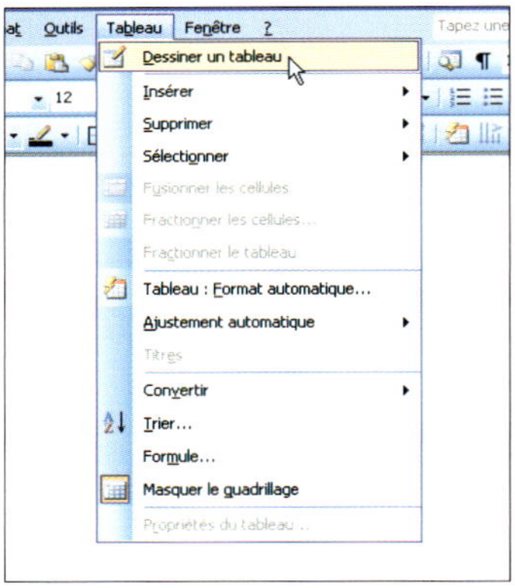

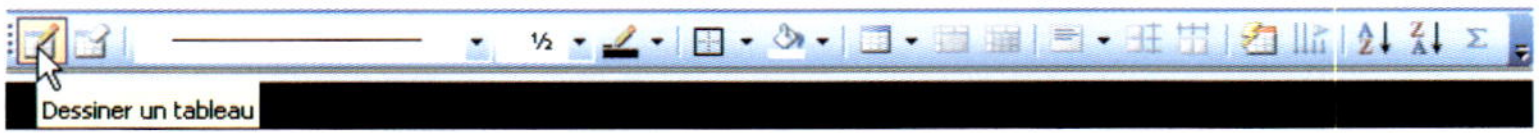

1 *Par une commande de menu*

En passant par une boîte de dialogue, vous aurez accès à un grand nombre d'options pour créer votre tableau, notamment en ce qui concerne la largeur des colonnes et la mise en forme des cellules.

1. Cliquez sur le menu Tableau et choisissez-y la commande Insérer, puis cliquez sur Tableau dans le menu qui apparaît automatiquement à droite.

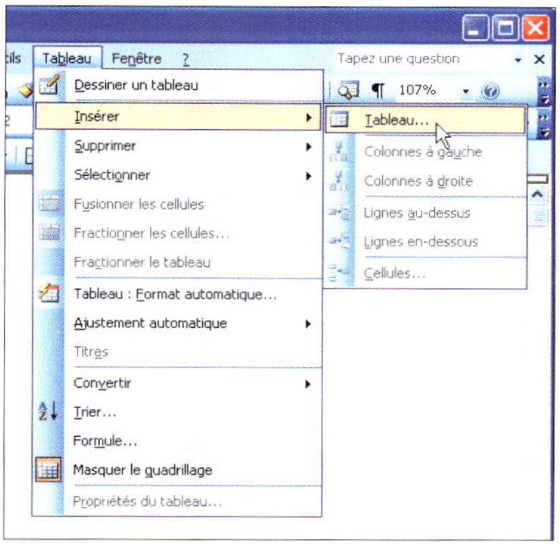

Une boîte de dialogue apparaît.

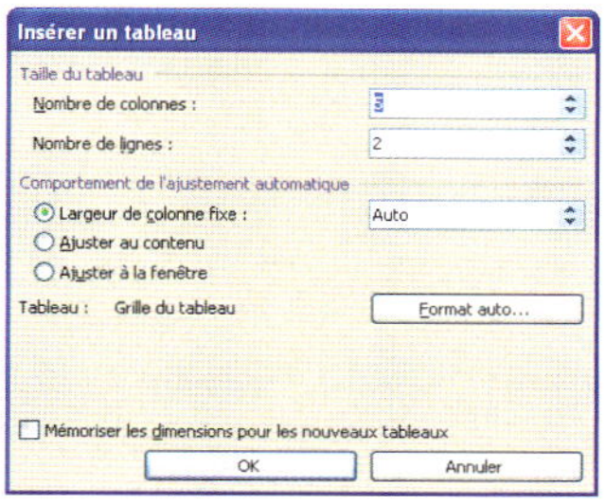

2. Déterminez le nombre de colonnes et le nombre de lignes en quelques clics de souris et validez en cliquant sur le bouton OK.
3. Dans la zone Comportement de l'ajustement automatique, déterminez si nécessaire la largeur des colonnes. Si vous laissez la sélection sur Largeur de colonne fixe et Auto dans la case de droite, le tableau sera inséré sur toute la largeur de la page, de la marge de gauche jusqu'à la marge de droite, avec des colonnes de largeur égale.
4. Si vous désirez dès la création utiliser un format prédéfini, choisissez Format auto.

   Une nouvelle boîte de dialogue apparaît.

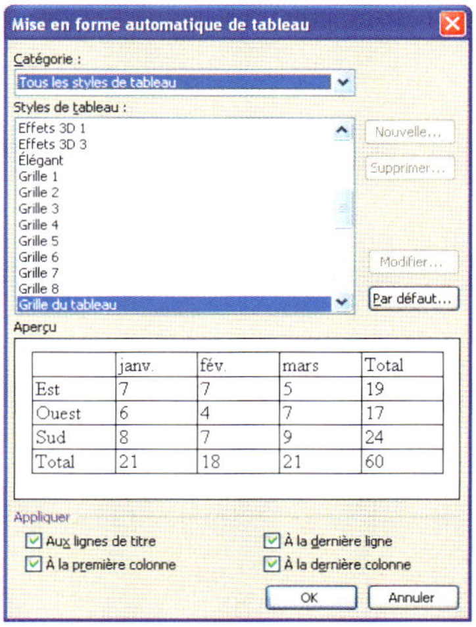

5. Dans la zone Styles de tableau, choisissez un des modèles prédéfinis.
6. Dans la zone Appliquer, désactivez les cases des éléments du tableau auxquels vous ne souhaitez pas appliquer le modèle.

   Vous pouvez visualiser votre choix dans la zone Aperçu.
7. Validez à deux reprises.

2 Par la barre d'outils

La barre d'outils Standard est très pratique pour insérer un tableau :

1. Cliquez sur l'icône Insérer un tableau de la barre d'outils Standard. Une grille apparaît sous le bouton.
2. Faites glisser le pointeur de la souris dans cette grille pour déterminer le nombre de lignes et de colonnes nécessaires.
3. Dès que vous relâchez le bouton de la souris, le tableau s'affiche à l'endroit où se trouvait le point d'insertion.

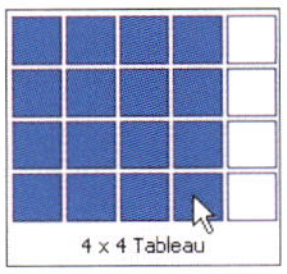

3 Dessiner un tableau

Si vous préférez utiliser la souris, vous pencherez pour cette méthode.

1. Affichez la barre d'outils Tableaux et bordures en cliquant sur l'icône Tableaux et bordures de la barre d'outils Standard ou en cliquant sur le menu Affichage, puis sur la commande Barres d'outils/Tableaux et bordures.
   La barre d'outils Tableaux et bordures apparaît.
2. Cliquez sur le bouton Dessiner un tableau .
   L'affichage bascule (le cas échéant) en mode Page et le pointeur prend la forme d'un crayon.
3. Faites glisser la souris en diagonale pour dessiner le contour du tableau.
4. A l'intérieur de ce cadre, tracez des traits horizontaux pour délimiter les lignes et des traits verticaux pour délimiter les colonnes.
5. Pour arrêter le tracé, cliquez à nouveau sur le bouton Dessiner un tableau ou appuyez sur la touche Echap du clavier. Le pointeur reprend sa forme normale.

SE DÉPLACER DANS UN TABLEAU ET SÉLECTIONNER

Dans cet atelier, vous allez apprendre à déplacer le point d'insertion, à sélectionner des caractères, des paragraphes, des lignes et des colonnes à l'intérieur d'un tableau.

1 Déplacer le point d'insertion

En utilisant la souris, vous allez pouvoir déplacer rapidement le point d'insertion dans un tableau. Cependant, vous pourrez aussi constater que le clavier offre quelques petites astuces intéressantes.

Avec la souris. Il vous suffit de cliquer dans la cellule où vous souhaitez positionner le point d'insertion.

Avec le clavier. Utilisez les touches et raccourcis suivants :

- Tabulation : cellule suivante.
- Maj+Tabulation : cellule précédente.
- Flèche vers le bas (en bas à droite du clavier) : ligne suivante.
- Flèche vers le haut (en bas à droite du clavier) : ligne précédente.
- Alt+Origine (flèche oblique) : première cellule de la ligne.
- Alt+Fin : dernière cellule de la ligne.
- Alt+PgSuiv (flèche vers le bas barrée de deux traits horizontaux) : dernière cellule de la colonne.
- Alt+PgPréc (flèche vers le haut barrée de deux traits horizontaux) : première cellule de la colonne.

Si vous appuyez sur la touche Tabulation en ayant positionné votre curseur dans la dernière cellule du tableau, une nouvelle ligne est créée.

Faites l'exercice suivant : insérez dans un nouveau document un tableau composé de 6 colonnes et de 15 lignes, puis remplissez-le comme il convient.

Exercice N°9

Table de calories des produits sucrés

Nombre de calories dans	A l'unité	10 g	50 g	100 g	150 g
Banane	100				
Biscuit sablé		48	240	480	720
Bonbon		28	140	280	420
Cake		41	205	410	615
Chocolat à croquer		53	265	530	795
Chocolat au lait		55	275	550	825
Confiture		28	140	280	420
Crème chantilly		31,6	158	316	474
Eclair		24	120	240	360
Cône glacé à la crème		37,7	188,5	377	565,5
Fruits au sirop		10	50	100	150
Miel		31	155	310	465
Sucre		40	200	400	600
Tarte aux pommes		31	155	310	465

2 Sélectionner dans un tableau

Comme pour le texte, il est nécessaire de sélectionner un ou plusieurs éléments dans un tableau pour déterminer la zone sur laquelle va s'effectuer une opération.
Avec la souris, vous pouvez sélectionner :

- Une cellule : placez le pointeur à l'intérieur et tout à fait à gauche de la cellule. Il apparaît sous la forme d'une flèche noire inclinée. Cliquez. La cellule est noircie : elle est sélectionnée.
- Une ligne : placez le pointeur à gauche de la ligne, dans la marge. Il est représenté sous la forme d'une flèche blanche s'il est près du tableau et sous la forme d'une flèche noire s'il est plus à gauche. Si la flèche est blanche, faites un seul clic, si elle est noire, faites un double-clic. La ligne est noircie, ce qui signifie qu'elle est sélectionnée.

- Une colonne : lorsque le pointeur se trouve en haut de la colonne, il apparaît sous la forme d'une flèche verticale noire. Cliquez, ou bien maintenez la touche Alt enfoncée et cliquez sur un endroit quelconque de cette colonne. La colonne est noircie, ce qui signifie qu'elle est sélectionnée.
- Le tableau entier : pointeur sur le tableau, cliquez sur le symbole ⊞ qui apparaît dans le coin supérieur gauche du tableau. Une autre méthode consiste à cliquer sur le menu Tableau, à placer le pointeur sur la commande Sélectionner, et à cliquer, dans le menu de droite, sur Tableau. Le tableau est noirci, ce qui signifie qu'il est sélectionné.
- Des sélections non contiguës : réalisez la première sélection, puis maintenez la touche Ctrl enfoncée pour effectuer les sélections suivantes. Les parties sélectionnées apparaissent en noir.

INSÉRER DES LIGNES, DES COLONNES ET DES CELLULES

Lorsque le tableau est réalisé, il est parfois nécessaire de le modifier. Dans cet atelier, vous allez apprendre comment ajouter ou supprimer sans difficulté certains éléments constituant votre tableau.

1 Insérer des lignes

Avant d'insérer des lignes, positionnez le point d'insertion dans le tableau sur la ligne au-dessus ou en dessous de laquelle vous voulez avoir une ou des lignes supplémentaires.

1. Positionnez le point d'insertion sur la ligne au niveau de laquelle vous voulez réaliser l'insertion.

2. Cliquez sur le menu Tableau, placez le pointeur sur la commande Insérer, puis sur Lignes au-dessus ou Lignes en dessous.
3. Cliquez.

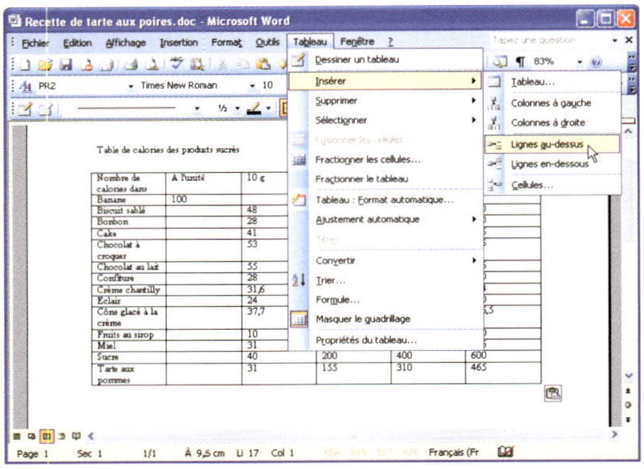

2 Insérer des colonnes

Avant d'insérer des colonnes, positionnez le point d'insertion dans le tableau sur la colonne à gauche ou à droite de laquelle vous voulez avoir une ou plusieurs colonnes supplémentaires.

1. Positionnez le point d'insertion sur la colonne au niveau de laquelle vous voulez réaliser l'insertion.
2. Cliquez sur le menu Tableau, placez le pointeur sur la commande Insérer, puis sur Colonnes à gauche ou Colonnes à droite.
3. Cliquez.

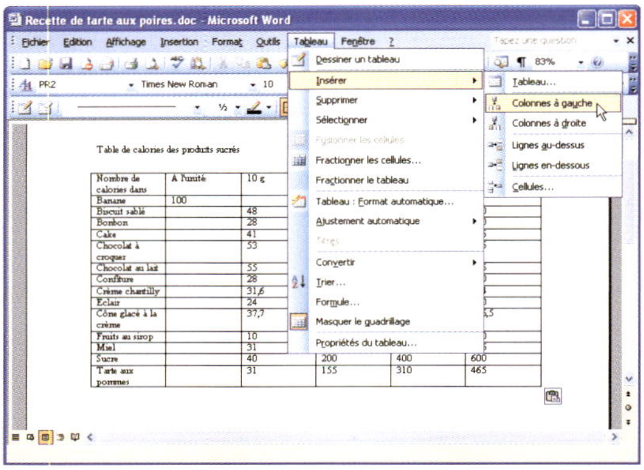

Si vous souhaitez insérer plusieurs lignes ou plusieurs colonnes en une seule opération, sélectionnez le nombre de lignes ou colonnes voulues avant de cliquer sur le menu Tableau. Par exemple, si vous voulez insérer trois lignes entre la première et la deuxième ligne du tableau, sélectionnez les lignes 2, 3 et 4 puis lancez la commande Insérer/Lignes au-dessus dans le menu Tableau.

3 Insérer des cellules

Il est parfois nécessaire d'insérer une ou plusieurs cellules dans un tableau. Attention : les cellules suivantes vont se décaler vers le bas ou vers la droite pour laisser la place à ces nouvelles cellules. Vous devrez faire ce choix.

1. Sélectionnez une cellule ou un groupe de cellules à droite ou au-dessus desquelles vous voulez réaliser l'insertion, puis cliquez sur le menu Tableau, pointez sur la commande Insérer et cliquez sur Cellules dans le menu de droite.

   Une boîte de dialogue apparaît.

2. Selon vos besoins, sélectionnez la commande appropriée.

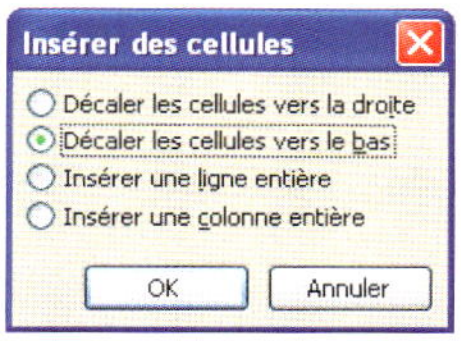

SUPPRIMER DES LIGNES, DES COLONNES ET DES CELLULES

Bien évidemment, de la même façon que vous pouvez rajouter facilement des éléments constituant votre tableau, vous pouvez également en supprimer.

1 Supprimer des lignes

Vous avez demandé trop de lignes au moment de la création de votre tableau ? Des lignes déjà remplies n'ont plus lieu d'être ? Utilisez la méthode suivante pour les supprimer :

1. Sélectionnez les lignes que vous désirez supprimer.

2. Cliquez sur le menu Tableau, pointez sur la commande Supprimer et cliquez sur Lignes dans le menu de droite.

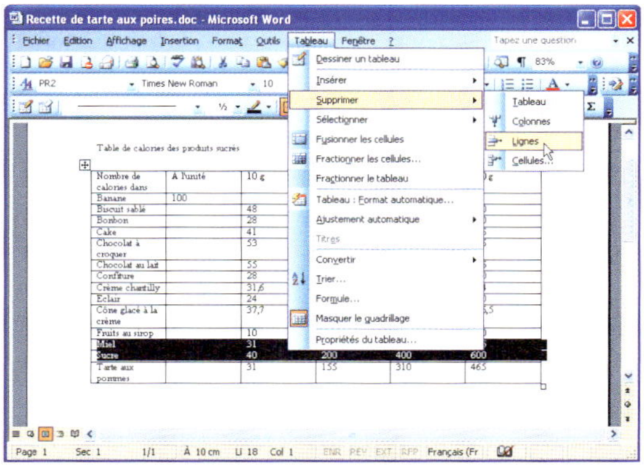

Sélectionner les lignes ou les colonnes à supprimer et appuyer sur la touche Suppr efface le texte ou les nombres contenus dans les cellules, mais ne supprime pas les lignes ou les colonnes du tableau.

2 Supprimer des colonnes

Vous avez demandé trop de colonnes au moment de la création de votre tableau ? Des colonnes déjà remplies n'ont plus lieu d'être ? Utilisez la méthode suivante pour les supprimer :

1. Sélectionnez les colonnes que vous désirez supprimer.
2. Cliquez sur le menu Tableau, pointez sur la commande Supprimer et cliquez sur Colonnes dans le menu de droite.

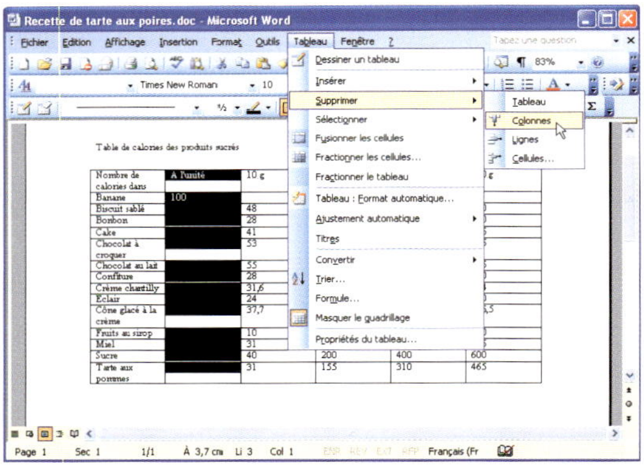

3 Supprimer des cellules

Si vous supprimez des cellules, les cellules suivantes vont se décaler vers le haut ou vers la gauche. Vous choisirez une de ces deux options :

1. Sélectionnez la ou les cellules que vous désirez supprimer.
2. Cliquez sur le menu Tableau, pointez sur la commande Supprimer et cliquez sur Cellules dans le menu de droite.

   Une boîte de dialogue apparaît.

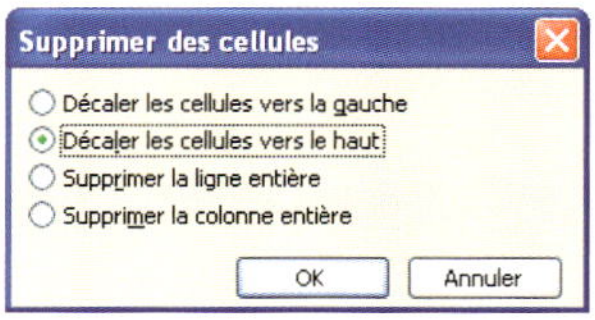

3. Selon vos besoins, sélectionnez la commande appropriée.

4 Supprimer le tableau

Vous avez inséré un tableau dans votre document et, pour diverses raisons, vous voulez le supprimer. Procédez comme suit :

1. Sélectionnez tout le tableau.
2. Cliquez sur le menu Tableau, pointez sur la commande Supprimer et cliquez sur Tableau dans le menu de droite.

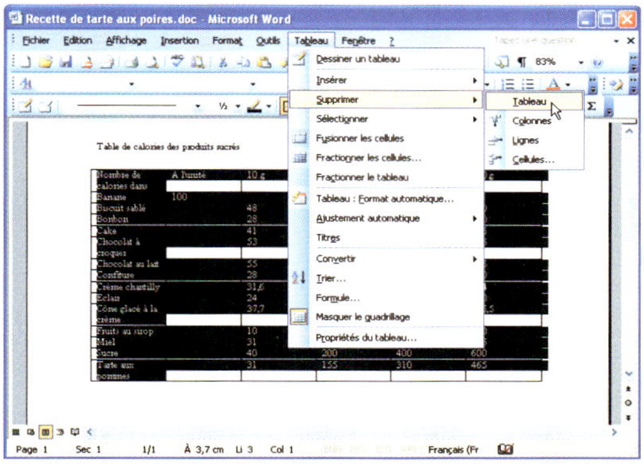

MISE EN FORME DANS LES CELLULES ET ALIGNEMENT DES DÉCIMALES

Lorsque le point d'insertion est positionné à l'intérieur d'un tableau, la règle prend une apparence particulière.

Les symboles matérialisent la séparation des colonnes (a) et les repères (b) correspondent au paragraphe dans lequel est situé le point d'insertion.

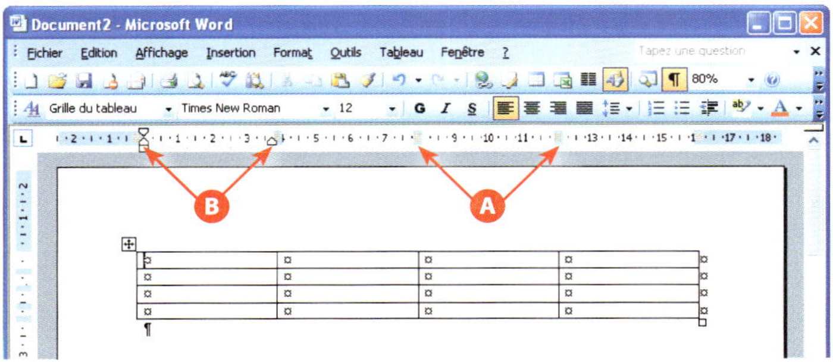

1 Mise en forme des caractères

Pour modifier la mise en forme des caractères, procédez comme vous le feriez sur un texte en dehors du tableau, en utilisant la barre d'outils Mise en forme ou en choisissant la commande Police dans le menu Format (voir Chapitre 5).

2 Mise en forme des paragraphes

Pour modifier les caractéristiques des paragraphes (retraits, interlignes, espacement avant ou après, tabulations), vous procéderez aussi comme s'il s'agissait de paragraphes hors tableau (voir Chapitres 6, 7 ou 9).

Si vous avez défini des tabulations gauche, droite ou centrée dans le tableau, maintenez la touche Ctrl enfoncée lors de la saisie du texte et appuyez sur la touche Tabulation pour les atteindre.

3 Alignement des chiffres

Pour aligner des nombres dans un tableau (qu'ils aient ou non des décimales), procédez selon cette méthode :

1. Sélectionnez tous les chiffres de la colonne.
2. Placez une tabulation décimale sur la règle au-dessus de cette colonne. Cette tabulation se trouve dans la commande Tabulations. Pour l'insérer, procédez de la même manière que nous l'avons vu au Chapitre 9. Dans le menu Format, cliquez sur Tabulations puis choisissez l'alignement Décimal.

   Les chiffres sélectionnés s'alignent automatiquement sur la décimale ou sur la droite lorsqu'ils n'ont pas de décimale, au niveau de la tabulation.

Vous allez améliorer la présentation de votre tableau :

1. Centrez le titre au-dessus du tableau, et mettez-le en caractères gras, en italique et en taille 16.
2. Sélectionnez la première ligne du tableau. Vous allez centrer ces titres de colonnes et les mettre en caractères gras.
3. Alignez tous les chiffres du tableau sur une tabulation décimale.

Exercice N°10

Table de calories des produits sucrés

Nombre de calories dans	**A l'unité**	**10 g**	**50 g**	**100 g**	**150 g**
Banane	100				
Biscuit sablé		48	240	480	720
Bonbon		28	140	280	420
Cake		41	205	410	615
Chocolat à croquer		53	265	530	795
Chocolat au lait		55	275	550	825
Confiture		28	140	280	420
Crème chantilly		31,6	158	316	474
Eclair		24	120	240	360
Cône glacé à la crème		37,7	188,5	377	565,5
Fruits au sirop		10	50	100	150
Miel		31	155	310	465
Sucre		40	200	400	600
Tarte aux pommes		31	155	310	465

LARGEUR DES COLONNES ET HAUTEUR DES LIGNES

Selon le texte que vous avez à saisir dans les cellules, vous pouvez être amené à modifier la largeur des colonnes et/ou la hauteur des lignes.

1 *Modifier la largeur des colonnes*

Il est possible de modifier la largeur de l'ensemble d'une colonne en positionnant le point d'insertion n'importe où dans votre tableau. Vous pouvez aussi changer la largeur simplement au niveau d'une cellule ou d'un groupe de cellules d'une même colonne. Dans ce cas, sélectionnez la ou les cellules sur lesquelles doit s'effectuer cette modification.

Pour redimensionner vos colonnes, vous disposez des méthodes suivantes :

Avec les séparations des colonnes

Chaque colonne est séparée par un trait vertical.

1. Pointez la ligne séparatrice située à droite de la colonne à redimensionner.

   Le pointeur de la souris change de forme : +||+

2. Cliquez et faites glisser la bordure vers la gauche pour diminuer la largeur, ou vers la droite pour l'augmenter. Si vous diminuez la colonne, celle se trouvant à sa droite sera augmentée, et si vous augmentez la colonne, celle se trouvant à sa droite sera diminuée. La largeur du tableau ne sera pas modifiée. Vous pouvez aussi faire un double-clic pour que la largeur s'ajuste en fonction du contenu le plus large de la colonne.

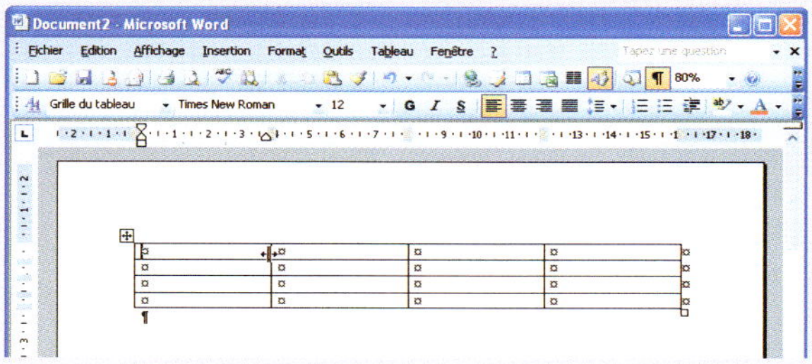

Si vous faites glisser en maintenant la touche Ctrl enfoncée, toutes les colonnes suivantes sont redimensionnées proportionnellement et le tableau conserve sa largeur.

Avec la règle

Dans la règle, la séparation entre les colonnes est matérialisée par le symbole Déplacer les colonnes du tableau.
Faites glisser le symbole Déplacer les colonnes du tableau. La largeur de la colonne change. Les colonnes suivantes sont décalées et conservent leur largeur initiale. La largeur du tableau est donc modifiée.

Si vous faites glisser le symbole Déplacer les colonnes du tableau en maintenant la touche Ctrl enfoncée, les colonnes suivantes sont redimensionnées proportionnellement et le tableau conserve sa largeur.

Si vous faites glisser le symbole Déplacer les colonnes du tableau en maintenant la touche Maj enfoncée, c'est uniquement la colonne qui suit qui est redimensionnée et la largeur du tableau n'est pas modifiée.

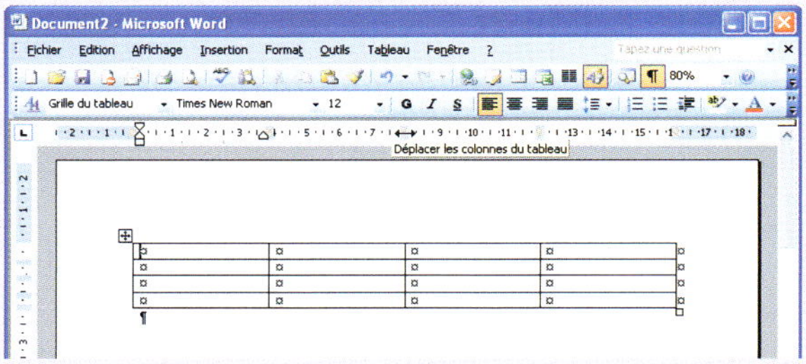

Avec une commande de menu

Si vous voulez donner une largeur identique à plusieurs colonnes du tableau, il sera pratique de passer par le menu Tableau.

1. Sélectionnez la ou les colonnes.
2. Lancez la commande Propriétés du tableau dans le menu Tableau.

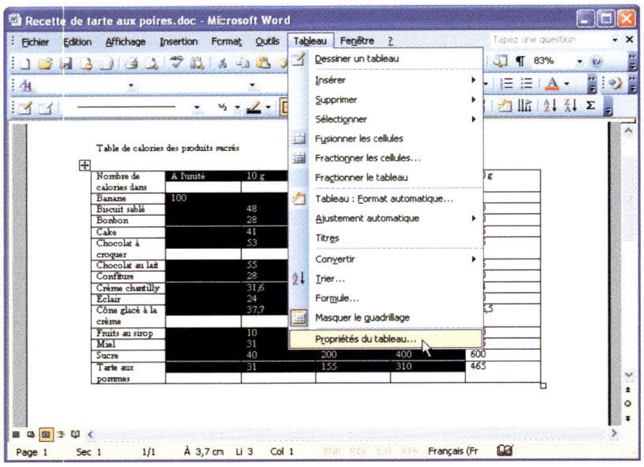

3. Cliquez sur l'onglet Colonne.
4. Activez la case Largeur préférée et saisissez une largeur en centimètres.
5. Validez ou cliquez sur Colonne suivante ou Colonne précédente pour redimensionner d'autres colonnes.

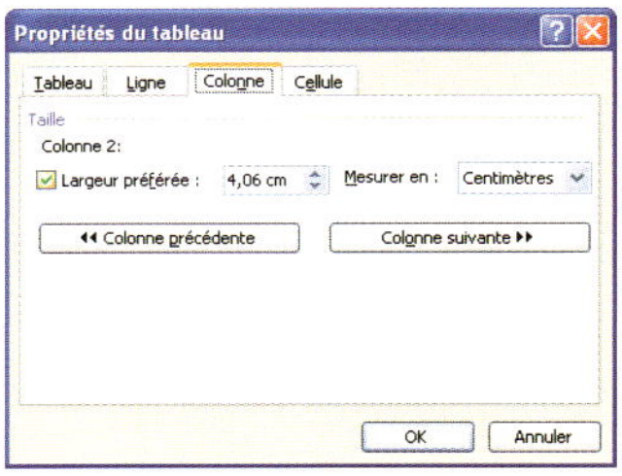

Si, après avoir modifié la largeur des colonnes, vous souhaitez que certaines d'entre elles aient une largeur identique, sélectionnez ces colonnes, cliquez sur le menu Tableau, pointez sur la commande Ajustement automatique et cliquez sur Uniformiser la largeur dans le menu de droite. Vous pouvez également cliquer sur l'icône Uniformiser la largeur des colonnes  dans la barre d'outils Tableaux et bordures pour parvenir au même résultat.

2 *Modifier la hauteur des lignes*

La hauteur d'une ligne dépend du contenu et de la taille des caractères déterminée sur la plus grande cellule de cette ligne. Vous pouvez néanmoins modifier vous-même les hauteurs de lignes.

Par les séparations de lignes

Chaque ligne est séparée par un trait horizontal.

1. Pointez la bordure se trouvant sous la ligne à redimensionner.
2. Le pointeur de la souris change de forme :
3. Cliquez-glissez vers le bas pour augmenter la hauteur ou vers le haut pour la diminuer.

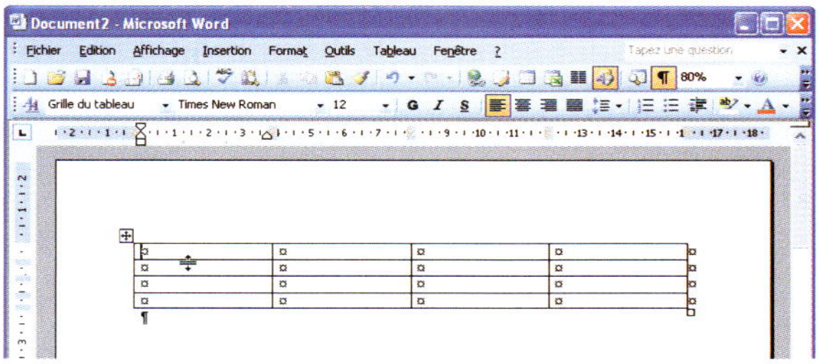

Avec la règle verticale

Lorsque le point d'insertion est positionné dans une cellule du tableau, la séparation entre les lignes est matérialisée dans la règle verticale (voir, au Chapitre 1, l'atelier « Description de la fenêtre de Word ») par un trait plus épais.

1. Si la règle verticale n'est pas affichée à gauche de votre écran, basculez en mode Page (voir l'atelier sur les différents modes d'affichage du Chapitre 1).
2. Positionnez le point d'insertion dans le tableau.
3. Faites glisser les séparateurs dans la règle verticale.

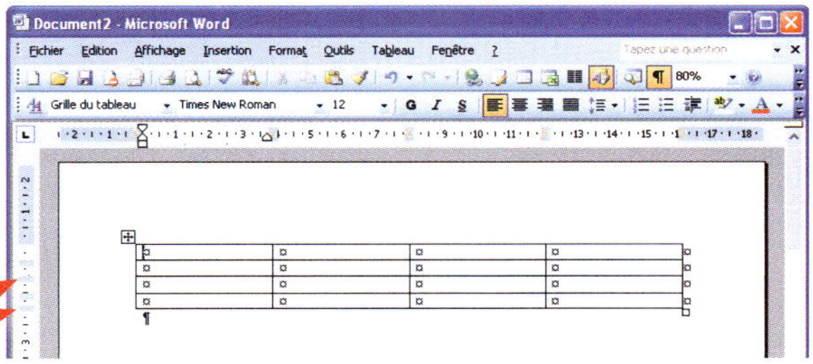

Séparateurs

Avec une commande de menu

Si vous voulez donner une hauteur identique à plusieurs lignes du tableau, il sera pratique d'utiliser le menu Tableau.

1. Sélectionnez les lignes concernées.
2. Dans le menu Tableau, cliquez sur la commande Propriétés du tableau, puis sur l'onglet Ligne.

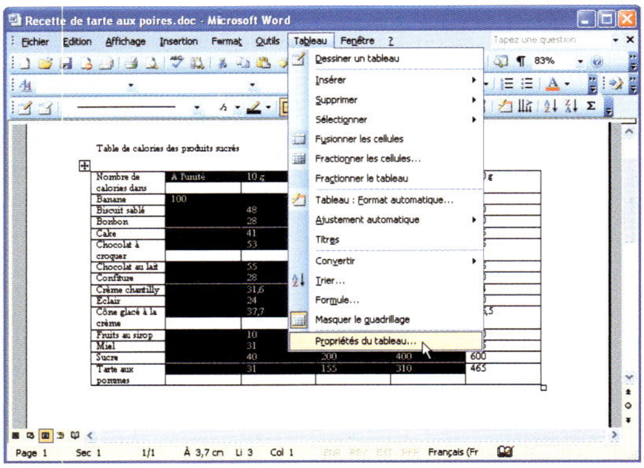

3. Cochez la case Spécifier la hauteur et saisissez la hauteur en centimètres.
4. Validez ou cliquez sur Ligne suivante ou Ligne précédente pour redimensionner d'autres lignes.
5. Cochez la case Autoriser le fractionnement des lignes sur plusieurs pages pour permettre qu'une ligne soit affichée sur deux pages différentes (ou plus si nécessaire).

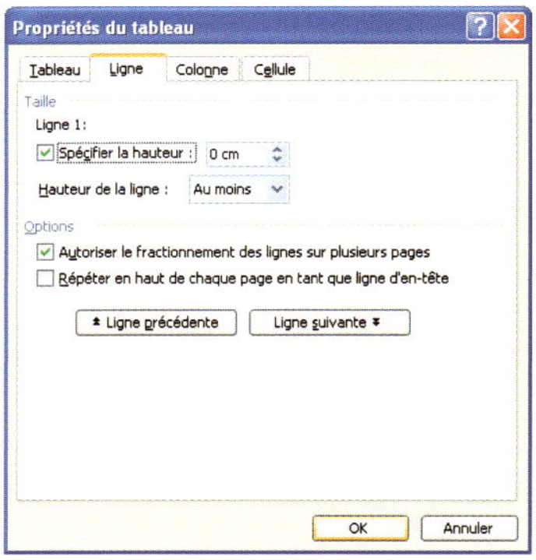

Après avoir modifié la hauteur des lignes, vous souhaiterez peut-être que certaines d'entre elles aient une hauteur identique. Sélectionnez ces lignes, lancez la commande Ajustement automatique/Uniformiser la hauteur dans le menu Tableau. Vous pouvez également cliquer sur l'icône Uniformiser la hauteur des lignes dans la barre d'outils Tableaux et bordures pour parvenir au même résultat.

3 Alignement vertical du texte après modification de la hauteur des lignes

Vous pouvez constater qu'en augmentant la hauteur des lignes, le texte reste aligné sur le haut. Si vous souhaitez qu'il soit centré verticalement ou aligné sur le bas, vous utiliserez l'une des deux techniques suivantes.

Par le menu

En utilisant le menu Tableau, vous interviendrez uniquement sur les alignements verticaux. En effet, les alignements horizontaux ne sont pas affectés par cette commande.

1. Dans le menu Tableau, pointez sur la commande Propriétés du tableau puis cliquez sur l'onglet Cellule.
2. Dans la zone Alignement vertical, cliquez sur l'icône appropriée.

Pour augmenter rapidement la hauteur des lignes avec le texte centré verticalement, sélectionnez les lignes, puis lancez la commande Paragraphe du menu Format. Dans la zone Espacement, entrez la même valeur dans les zones Avant et Après.

Par la barre d'outils

La barre d'outils Tableaux et bordures regroupe tous les outils nécessaires aux alignements de texte dans les cellules. Attention, ces outils concernent aussi les alignements horizontaux.

1. Sélectionnez les cellules ou les lignes.
2. Cliquez sur la flèche associée au bouton de la barre d'outils Tableaux et bordures, puis cliquez sur l'icône appropriée.

Vous allez augmenter la largeur de la première colonne, de façon que les suivantes se redimensionnent proportionnellement et que votre tableau ne soit pas modifié en largeur. Ensuite, vous augmenterez la hauteur de la première ligne du tableau. Le texte de cette ligne sera centré verticalement.

Exercice N°11

Table de calories des produits sucrés

Nombre de calories dans	A l'unité	10 g	50 g	100 g	150 g
Banane	100				
Biscuit sablé		48	240	480	720
Bonbon		28	140	280	420
Cake		41	205	410	615
Chocolat à croquer		53	265	530	795
Chocolat au lait		55	275	550	825
Confiture		28	140	280	420
Crème chantilly		31,6	158	316	474
Eclair		24	120	240	360
Cône glacé à la crème		37,7	188,5	377	565,5
Fruits au sirop		10	50	100	150
Miel		31	155	310	465
Sucre		40	200	400	600
Tarte aux pommes		31	155	310	465

ENCADREMENT DES CELLULES

Par défaut, toutes les cellules sont encadrées avec une bordure simple. Vous pouvez personnaliser ces encadrements en utilisant la commande Bordure et trame du menu Format ou en appliquant un format prédéfini au tableau.

1 Personnaliser les bordures

Vous souhaitez choisir les styles et les couleurs des bordures, ainsi que les trames de fond qui vont enrichir votre tableau ? Procédez comme suit :

1. Sélectionnez l'ensemble du tableau ou le groupe de cellules concernées.
2. Dans le menu Format, cliquez sur la commande Bordure et trame ou utilisez la barre d'outils Tableaux et bordures (voir Chapitre 8).
3. Choisissez toujours le style de trait en premier, puis cliquez sur le côté où doit s'appliquer la bordure par rapport à votre sélection de cellules.

Contrairement aux bordures de paragraphes, les bordures des cellules d'un tableau ne peuvent pas être ombrées.

Pour rendre votre tableau encore plus attrayant, vous ferez un contour double sur tout le tableau et une bordure plus épaisse en bas de la première ligne. Vous pourrez appliquer aussi une couleur de trame de fond sur la première ligne.

Exercice N°12

Table de calories des produits sucrés

Nombre de calories dans	A l'unité	10 g	50 g	100 g	150 g
Banane	100				
Biscuit sablé		48	240	480	720
Bonbon		28	140	280	420
Cake		41	205	410	615
Chocolat à croquer		53	265	530	795
Chocolat au lait		55	275	550	825
Confiture		28	140	280	420
Crème chantilly		31,6	158	316	474
Eclair		24	120	240	360
Cône glacé à la crème		37,7	188,5	377	565,5
Fruits au sirop		10	50	100	150
Miel		31	155	310	465
Sucre		40	200	400	600
Tarte aux pommes		31	155	310	465

FUSIONNER/FRACTIONNER DES CELLULES

Dans un tableau, vous avez la possibilité de regrouper plusieurs cellules en une seule, ou de diviser une cellule en plusieurs.

1 Fusionner des cellules

Vous pouvez fusionner des cellules dans le sens horizontal et/ou vertical :

1. Sélectionnez les cellules à fusionner.
2. Dans le menu Tableau, choisissez la commande Fusionner les cellules, ou cliquez sur l'icône Fusionner les cellules dans la barre d'outils Tableaux et bordures.

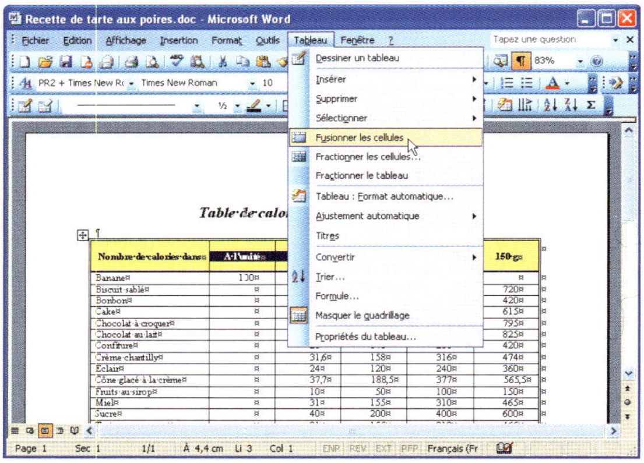

2 Fractionner des cellules

Vous pouvez fractionner des cellules en plusieurs colonnes ou plusieurs lignes :

1. Sélectionnez la ou les cellules à fractionner.
2. Cliquez sur l'icône Fractionner les cellules dans la barre d'outils Tableaux et bordures ou, dans le menu Tableau, choisissez la commande Fractionner les cellules.

   Une boîte de dialogue apparaît.

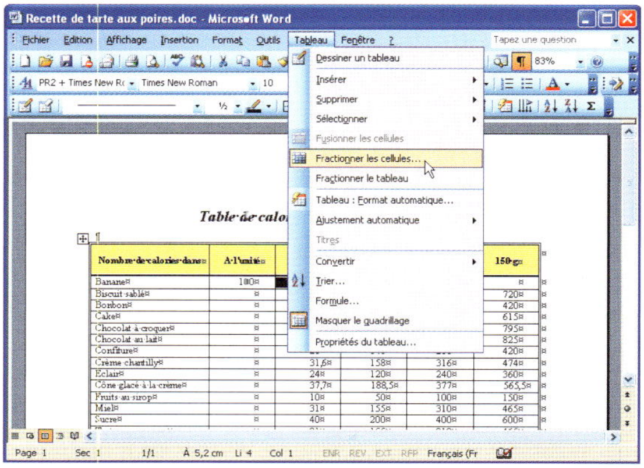

3. Dans les zones Nombre de colonnes et/ou Nombre de lignes, saisissez le nombre de cellules à former dans chacune des cellules de la sélection.

3 Fractionner un tableau

Il est parfois nécessaire d'insérer un ou plusieurs paragraphes de texte entre deux lignes d'un tableau déjà construit :

1. Positionnez le point d'insertion sur la ligne au-dessus de laquelle vous voulez insérer le ou les paragraphes de texte.

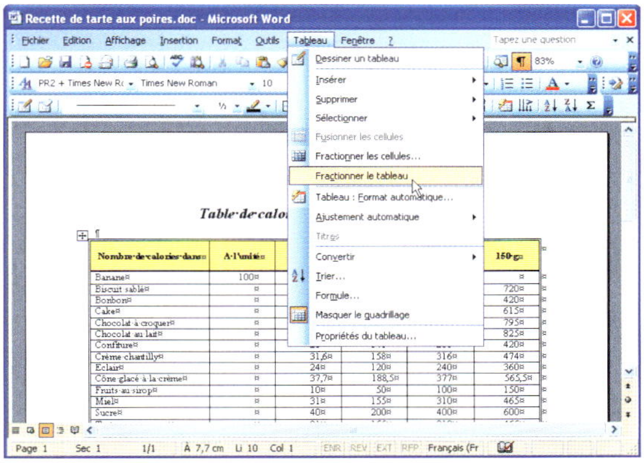

2. Dans le menu Tableau, choisissez la commande Fractionner le tableau.

   Le tableau est scindé en deux parties distinctes, séparées par une marque de paragraphe.

DÉPLACER/REDIMENSIONNER UN TABLEAU

Vous allez découvrir qu'avec un simple glissement de souris, il est possible de déplacer ou de redimensionner rapidement un tableau.

1 Déplacer le tableau

Lorsque vous modifiez la structure d'un tableau (par exemple, si vous supprimez des colonnes), il n'occupe plus la même place sur la page. Pour le déplacer, procédez comme suit :

1. Pointez le tableau à déplacer (il est inutile de positionner le point d'insertion à l'intérieur du tableau).

Le symbole ⊞ apparaît dans le coin supérieur gauche du tableau.

2. Cliquez sur ce symbole et, tout en maintenant le bouton de la souris appuyé, faites glisser le tableau à l'endroit voulu.

2 *Redimensionner le tableau*

Votre tableau vous paraît trop petit, trop « tassé » ? Vous allez pouvoir le redimensionner tout en conservant ses proportions :

1. Pointez le tableau (il est inutile de positionner le point d'insertion à l'intérieur).

   Le symbole □ apparaît dans le coin inférieur droit du tableau.

2. Cliquez sur le symbole et faites-le glisser pour redimensionner votre tableau en largeur et/ou en hauteur.

RÉPÉTER LES TITRES SUR CHAQUE PAGE

Si votre tableau s'étend sur plusieurs pages, vous avez la possibilité de reproduire automatiquement les titres des colonnes sur toutes les pages.

1. Sélectionnez la ou les lignes à répéter sur chaque page (il doit impérativement s'agir de la première ou des premières lignes de votre tableau).
2. Lancez la commande Titres dans le menu Tableau.

Vous ne pouvez visualiser les titres qu'en mode Page ou en faisant un aperçu avant impression.

MAÎTRISER LES DOCUMENTS LONGS

11

Si vous êtes amené à réaliser un texte de plusieurs pages, ce chapitre va vous aider à déplacer rapidement le point d'insertion dans le document, gérer les sauts de page, numéroter automatiquement les pages ou répéter un titre sur toutes les pages.

DÉPLACER LE POINT D'INSERTION DANS LE DOCUMENT

Pour visualiser les différentes pages de votre document, utilisez la barre de défilement verticale et faites défiler le texte vers le bas ou vers le haut. Ensuite, cliquez à l'endroit où vous souhaitez positionner le point d'insertion. Cette technique est simple, mais elle peut rapidement devenir fastidieuse si le document contient de nombreuses pages. Pour déplacer plus rapidement le point d'insertion, vous pouvez utiliser une boîte de dialogue ou la souris.

1 Avec la boîte de dialogue

Pour ouvrir la boîte de dialogue qui vous permettra d'atteindre une page précise, vous disposez de trois méthodes. Vous pouvez, au choix :

- dans le menu Edition, choisir la commande Atteindre ;
- appuyer sur la touche F5 ;
- double-cliquer dans la première moitié de la barre d'état, située au bas de votre écran.

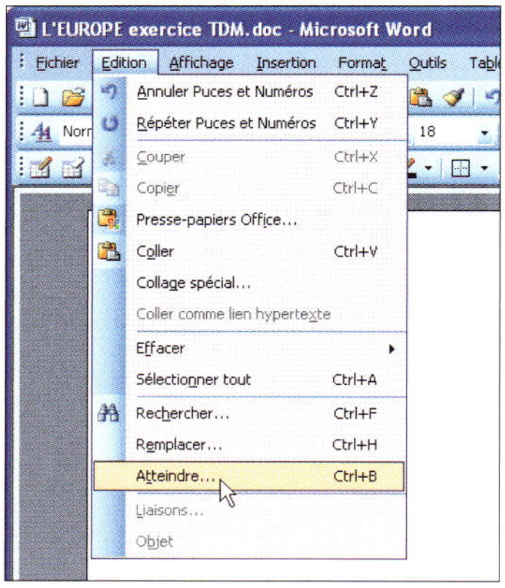

La boîte de dialogue Rechercher et remplacer apparaît.

1. Dans la zone Atteindre, choisissez Page, puis saisissez le numéro de la page à atteindre dans la zone Numéro de la page.
2. Validez en cliquant sur Atteindre ou en appuyant sur la touche Entrée.
3. Fermez la boîte de dialogue.

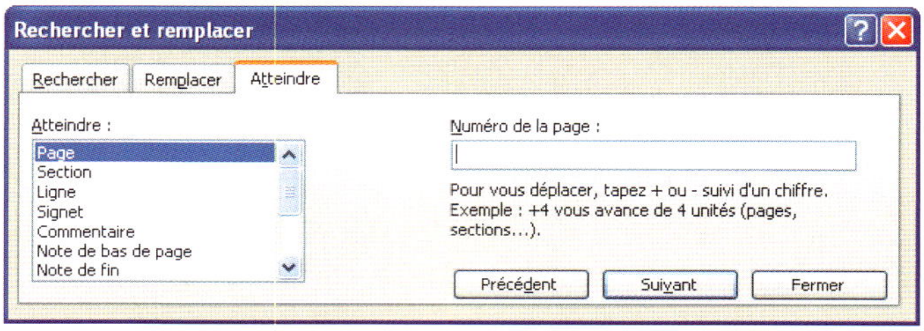

2 Avec la souris

Ce procédé va vous permettre de déplacer le point d'insertion en haut de chaque page.

Cliquez sur les symboles Page suivante et Page précédente en bas de la barre de défilement verticale.

Ces symboles permettent d'atteindre d'autres éléments que des pages. Si vous cliquez sur ces symboles et que le point d'insertion ne se déplace pas sur les pages suivantes ou précédentes, cliquez sur Sélectionner l'objet parcouru (c'est le petit rond qui se trouve entre les deux icônes ci-dessus), puis choisissez Parcourir par page (lorsque l'élément choisi est la page). Ces deux symboles deviennent noirs. Pour tous les autres éléments, ils sont bleus.

INSÉRER UN SAUT DE PAGE MANUEL

Le nombre de lignes d'une page varie en fonction de la taille des marges, de la taille des caractères, et des différents paramètres de mise en forme. Word gère les **sauts de page** et les met automatiquement à jour à chaque modification. Vous pouvez déterminer vous-même l'endroit où votre texte sera coupé en insérant des sauts de page manuels.

Un saut de page est un code qui entraîne un changement de page au sein même du document. Le texte est coupé, mais garde la même mise en page, le même style, etc. La ligne en pointillés qui matérialise le saut de page n'est visible que lorsque les marques de paragraphe, les espaces ou les marques de tabulation sont affichés.

1 Insérer un saut de page manuel

Avant d'insérer le saut de page, positionnez le point d'insertion devant le texte qui doit passer sur la page suivante. Vous avez le choix entre deux méthodes.

Avec le menu

Lancez la commande Saut dans le menu Insertion. Une boîte de dialogue apparaît. Sélectionnez Saut de page et validez. Une ligne pointillée apparaît, signalant le saut de page.

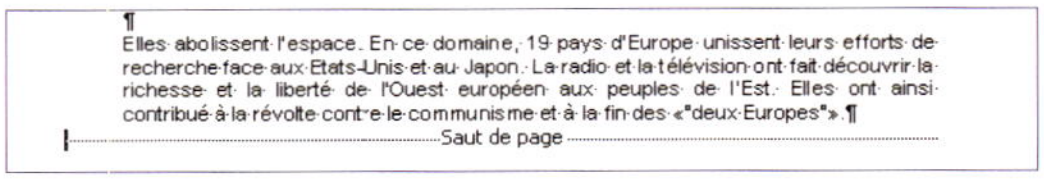

Avec le clavier

Maintenez la touche Ctrl enfoncée et appuyez sur la touche Entrée. Une ligne pointillée apparaît, signalant le saut de page.

Si la ligne pointillée signalant le saut de page n'apparaît pas à l'écran, affichez les marques non imprimables (voir au Chapitre 1 la section « Afficher/masquer les marques non imprimables »).

2 Supprimer un saut de page manuel

Si vous modifiez le texte placé au-dessus d'un saut de page manuel, ce saut de page sera déplacé et ne correspondra peut-être plus à votre mise en page. Il faudra le supprimer. Positionnez le point d'insertion sur le saut de page à supprimer ou sélectionnez-le puis appuyez sur la touche Suppr du clavier.

Pour éviter d'avoir à redéfinir des sauts de page manuels en cas de modification dans votre document, il est conseillé d'insérer ces sauts lorsque votre document est totalement terminé et mis en forme, prêt à imprimer.

NUMÉROTER LES PAGES

Deux méthodes permettent de numéroter automatiquement les pages :

1 Numérotation standard

Vous pouvez insérer des numéros de page en haut ou en bas de chaque page. Ces numéros peuvent être ajoutés à n'importe quel moment : avant de taper le texte, en cours de saisie ou après avoir terminé le document. Si le nombre de pages varie, celles-ci seront renumérotées automatiquement.

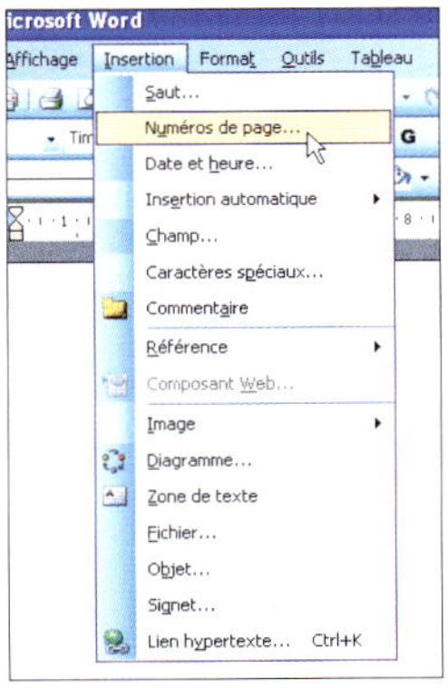

1. Positionnez le point d'insertion sur n'importe quelle page de votre document.
2. Dans le menu Insertion, choisissez la commande Numéros de page.

   Une boîte de dialogue apparaît.

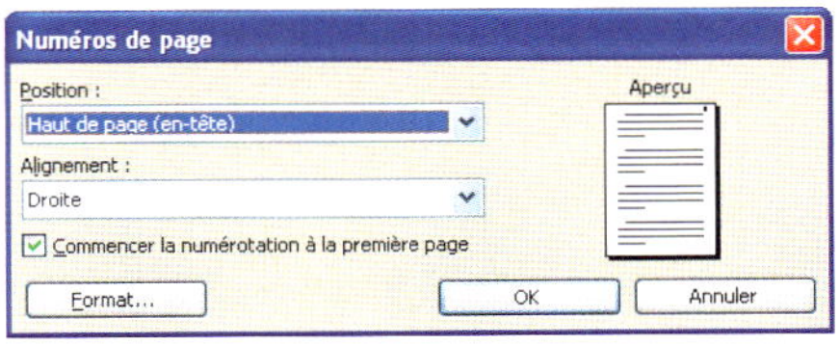

3. Dans la liste Position, sélectionnez Haut de page (en-tête) ou Bas de page (pied de page), selon l'emplacement que vous avez choisi pour la numérotation.
4. Dans la liste Alignement, choisissez la position des numéros sur les pages (à gauche, au centre ou à droite). Extérieur alignera le numéro à gauche pour les pages paires et à droite pour les pages impaires.
5. Pour numéroter également la première page du document, cochez la case Commencer la numérotation à la première page.

6. Cliquez sur Format pour modifier la présentation des numéros.

   Une nouvelle boîte de dialogue apparaît.

7. Dans la liste déroulante Format, sélectionnez le format des numéros (chiffres, chiffres romains, lettres…), puis validez deux fois.

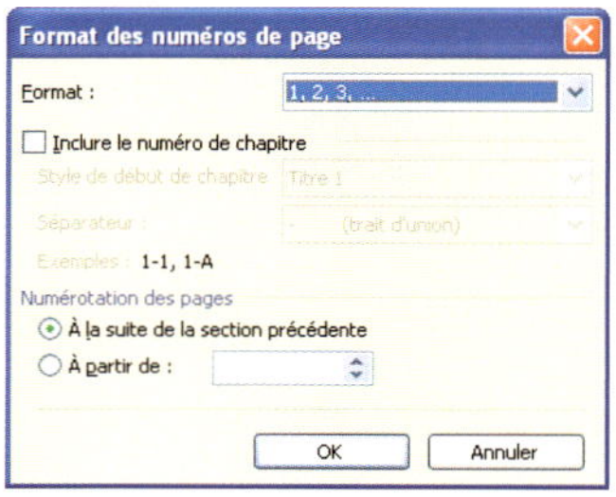

Pour visualiser les numéros de page, basculez en mode Page (voir au Chapitre 1 la section « Modes Normal, Web, Page et Plan ») ou affichez un aperçu avant impression.

2 *Numérotation personnalisée*

Vous pouvez également modifier la police, la taille ou la couleur des numéros, ou rajouter du texte à ces numéros. Pour en savoir plus à ce sujet, consultez l'atelier suivant, « Les en-têtes et les pieds de page ».

LES EN-TÊTES ET LES PIEDS DE PAGE

Vous pouvez saisir du texte dans la marge du haut (l'en-tête) ou dans la marge du bas (le pied de page). Tout ce qui apparaît en en-tête et en pied de page sera répété sur toutes les pages.

1 *Accéder à l'en-tête ou au pied de page*

Pour saisir du texte dans l'en-tête ou le pied de page, il faut positionner le curseur dans les marges du haut ou du bas.

1. Cliquez sur le menu Affichage et choisissez-y la commande En-tête et pied de page.

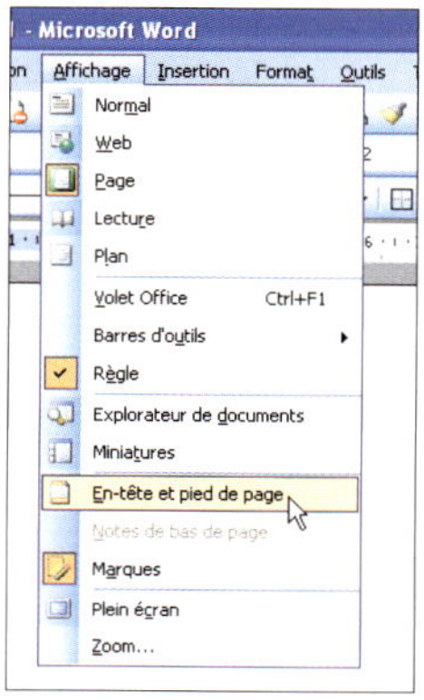

2. L'affichage bascule en mode Page et la barre d'outils En-tête et pied de page apparaît. Le curseur est positionné dans la zone En-tête.

3. Saisissez votre texte et mettez-le en forme.

4. Dans la barre d'outils En-tête et pied de page, cliquez sur les boutons :

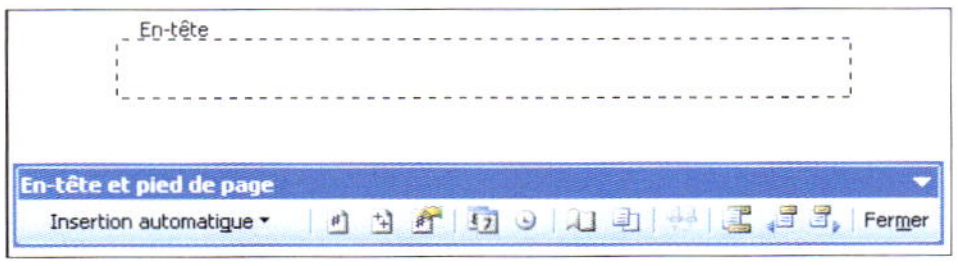

Insérer un numéro de page pour insérer le numéro à l'endroit où se trouve le point d'insertion.

Insérer le nombre de pages pour insérer le nombre total de pages du document.

Numérotation de page pour ouvrir la boîte de dialogue Format des numéros de page qui permet de modifier la présentation du numéro.

Insérer la date pour insérer la date qui sera mise à jour à chaque ouverture de votre document.

Insérer l'heure pour insérer l'heure qui sera mise à jour à chaque ouverture de votre document.

Vous pouvez aussi choisir une option prédéfinie dans la liste Insertion automatique.

5. Cliquez sur Basculer en-tête/pied de page pour basculer le point d'insertion dans la zone Pied de page.

Vous pouvez accéder rapidement à l'en-tête ou au pied de page en double-cliquant dans leur zone respective, uniquement si vous êtes en mode Page et si ces zones contiennent déjà des éléments.

2 En-tête ou pied de page différent sur la première page

Si la première page de votre document est une page de garde que vous ne voulez pas numéroter, ou si le texte de cette page doit être différent de celui répété sur toutes les autres pages, voici comment vous devez procéder :

1. Dans le menu Fichier, choisissez la commande Mise en page.

   Une boîte de dialogue apparaît.

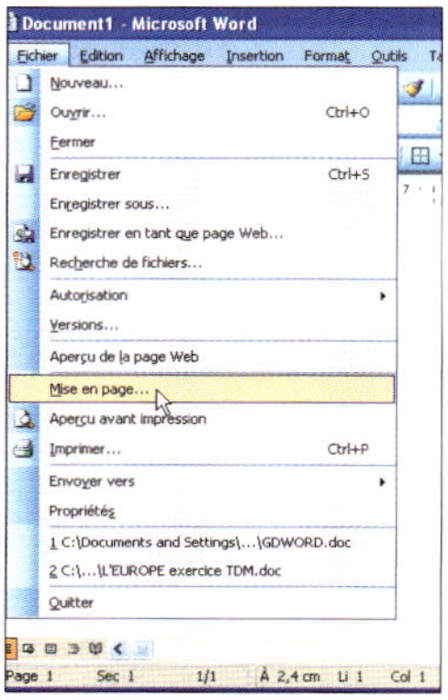

2. Cliquez sur l'onglet Disposition.

   Ou cliquez sur l'icône Mise en page  de la barre d'outils En-tête et pied de page.

3. Validez la case Première page différente.

   Les zones de l'en-tête et du pied de page sont nommées Premier en-tête et Premier pied de page. Tous les éléments que vous allez insérer dans ces zones seront différents de ceux des autres pages.

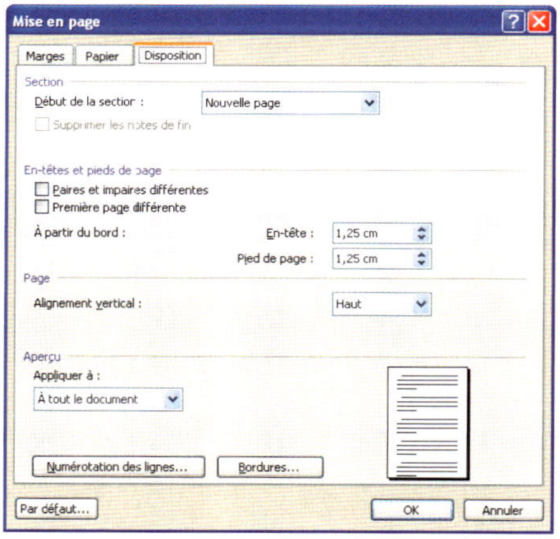

3 En-tête ou pied de page différent sur les pages paires et impaires

Vous avez aussi la possibilité d'insérer un en-tête et un pied de page différents sur les pages paires et impaires du document.

1. Dans le menu Fichier, choisissez la commande Mise en page.

   Une boîte de dialogue apparaît.

2. Cliquez sur l'onglet Disposition.

   Ou cliquez sur l'icône Mise en page de la barre d'outils En-tête et pied de page.

3. Cochez la case Paires et impaires différentes.

   Les zones de l'en-tête et du pied de page sont nommées En-tête de page paire et Pied de page paire/En-tête de page impaire et Pied de page impaire.

4 Modifier l'espace entre le bord de la feuille et l'en-tête ou le pied de page

Selon les besoins, vous pouvez être amené à augmenter ou diminuer l'espace entre le bord de la page et l'en-tête et/ou le pied de page.

1. Cliquez sur le menu Fichier puis sur la commande Mise en page.

   Une boîte de dialogue apparaît.

2. Cliquez sur l'onglet Disposition.

   Ou cliquez sur l'icône Mise en page de la barre d'outils En-tête et pied de page.

3. Saisissez l'espace souhaité entre le bord supérieur de la feuille et le haut de l'en-tête et entre le bord inférieur de la feuille et le bas du pied de page dans les zones En-tête et Pied de page, puis validez.

INSÉRER DES IMAGES

12

Pour enrichir vos documents, Word permet d'insérer des images provenant de sa propre bibliothèque ou d'une autre source. Ces images peuvent être placées n'importe où sur la page, redimensionnées et modifiées.

INSÉRER UNE IMAGE

Word permet d'importer des images déjà présentes dans sa bibliothèque. Vous avez également la possibilité de récupérer des images enregistrées dans différents dossiers de votre disque dur.

1 *Insérer une image de la bibliothèque*

Les images de la bibliothèque de Word sont stockées dans un dossier nommé Clipart.

1. Dans le menu Insertion, lancez la commande Image, puis cliquez sur Images clipart.

   Le Volet Office Images clipart apparaît.

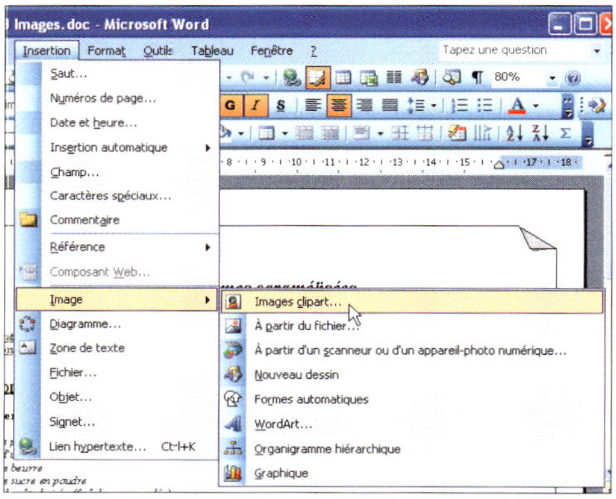

2. Dans la zone Rechercher, saisissez un mot clé correspondant à une catégorie (par exemple : gâteau ou animaux), ou laissez cette zone vide pour rechercher l'ensemble des images.
3. Dans la zone Les résultats devraient être, choisissez éventuellement quels types de fichiers multimédias vous souhaitez importer.
4. Cliquez sur OK ou appuyez sur la touche Entrée.

   Word affiche les images répondant aux différents critères définis précédemment.
5. Cliquez sur l'image que vous souhaitez ajouter.
   L'image s'insère à l'emplacement du point d'insertion.

Si aucune image ne correspond à ces critères, le message (Aucun résultat trouvé) apparaît en haut de la zone d'affichage des images. Définissez alors de nouveaux critères, puis validez.

2 Insérer une image enregistrée dans un dossier

Pour insérer une image qui n'appartient pas à la bibliothèque, vous utiliserez la méthode suivante :

1. Cliquez sur le menu Insertion, puis sur la commande Image, et sélectionnez A partir du fichier.

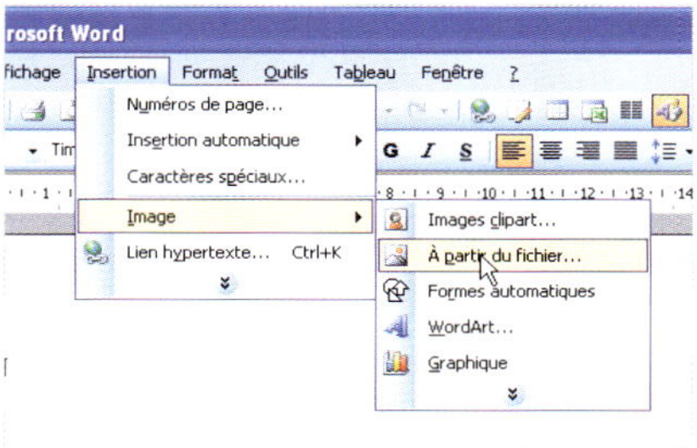

   La boîte de dialogue Insérer une image apparaît.

2. Ouvrez le dossier dans lequel l'image a été enregistrée.

3. Double-cliquez sur l'image voulue, ou sélectionnez-la et cliquez sur Insérer.

   L'image s'insère à l'emplacement du point d'insertion.

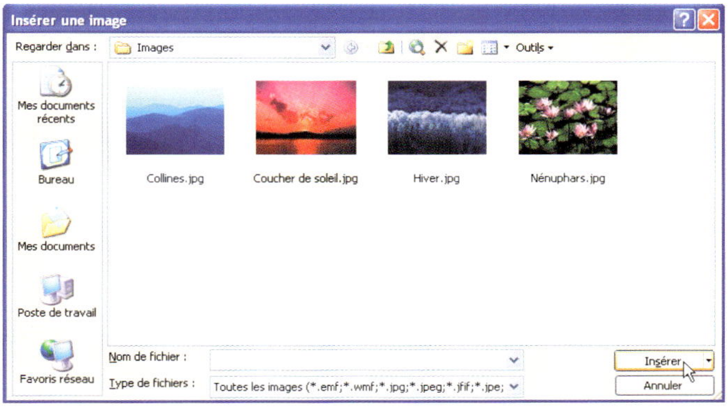

Pour visualiser les images dans la boîte de dialogue à la place des noms de fichiers, cliquez sur la flèche associée au bouton Affichages et choisissez Miniatures dans la liste.

CHANGER LA TAILLE, HABILLER ET DÉPLACER L'IMAGE

L'image que vous avez importée n'a sans doute pas la taille souhaitée et le texte se trouvant à proximité n'est peut-être pas bien placé. Cet atelier va vous aider à résoudre ces problèmes.

1 *Modifier la taille de l'image*

Pour modifier les dimensions de l'image, vous pouvez utiliser la souris ou une commande de menu.

Avec la souris

Si vous appréciez l'utilisation de la souris, vous serez tenté par cette méthode :

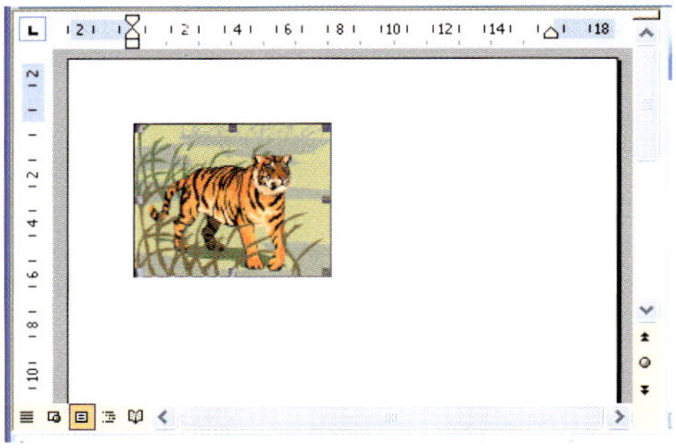

1. Sélectionnez l'image en cliquant dessus.

   Des poignées apparaissent sur les côtés et dans les coins de l'image.
2. Mettez le pointeur sur une de ces poignées. Il se transforme en une double flèche verticale, horizontale ou oblique.
3. Cliquez-glissez pour redimensionner.

Si vous souhaitez conserver les proportions de l'image, utilisez les poignées d'angle et faites glisser en diagonale.

Avec le menu

Si vous souhaitez donner à l'image une dimension bien précise, utilisez plutôt le menu.

1. Sélectionnez l'image en cliquant dessus.
2. Lancez la commande Image dans le menu Format.

   Une boîte de dialogue apparaît. Cliquez sur l'onglet Taille.
3. Saisissez la hauteur ou la largeur dans la zone Dimensionnement et rotation ou dans la zone Echelle, puis validez.

2 Habiller l'image

Dans Word, les images sont fréquemment importées sur du texte. Voici comment procéder pour ne pas avoir de problème de positionnement.

L'**habillage** de l'image est la position du texte qui l'entoure. Ce texte peut être placé de différentes façons : devant, derrière, autour ou en haut et en bas de l'image.

Par le menu

Le menu facilite le choix : dans la boîte de dialogue, des icônes donnent un aperçu de l'**habillage**.

1. Sélectionnez l'image en cliquant dessus.
2. Lancez la commande Image dans le menu Format.

   Une boîte de dialogue apparaît. Cliquez sur l'onglet Habillage.
3. Dans la zone Style d'habillage, sélectionnez l'habillage désiré et validez.

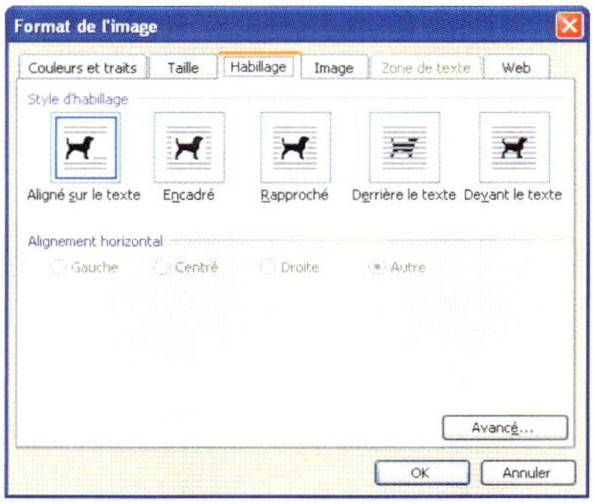

Par les outils

Vous pourrez choisir rapidement l'habillage du texte en utilisant la barre d'outils :

1. Affichez la barre d'outils Image.
2. Sélectionnez l'image en cliquant dessus.
3. Cliquez sur l'icône Habillage du texte et sélectionnez l'habillage voulu dans la liste.

3 Déplacer l'image

Vous pouvez déplacer l'image n'importe où dans le document, y compris dans les marges. Placez le pointeur sur l'image. Il change de forme : . Cliquez-glissez jusqu'au nouvel emplacement.

Déplacer l'image avec la souris n'est possible qu'après avoir fait un habillage de texte sur l'image. Pour cela, suivez les indications des paragraphes précédents et choisissez l'habillage rapproché pour que votre image se déplace sans masquer le reste des documents. Sans cet artifice, l'image ne peut être déplacée qu'avec les alignements gauche, centré, droite ou avec la fonction Couper/coller (voir au Chapitre 4 la section « Déplacer du texte »).

MODIFIER/SUPPRIMER UNE IMAGE

Vous avez la possibilité de modifier la couleur, le contraste et la luminosité de l'image. Si l'effet obtenu ne vous convient pas, un seul clic suffit pour redonner à l'image ses couleurs et sa taille d'origine. Vous pouvez également la supprimer rapidement.

1 Modifier la couleur, la luminosité, le contraste

Deux méthodes permettent d'effectuer ces modifications.

Par le menu

Vous retrouvez les mêmes possibilités en utilisant le menu et la boîte de dialogue.

1. Sélectionnez l'image en cliquant dessus.
2. Cliquez sur le menu Format et choisissez-y la commande Image.
3. Dans la boîte de dialogue qui s'affiche, cliquez sur l'onglet Image.
4. Dans la zone Contrôle de l'image, modifiez la couleur, la luminosité et le contraste.
5. Pour rétablir les caractéristiques d'origine, cliquez sur Rétablir. Sinon, pour valider, cliquez sur OK.

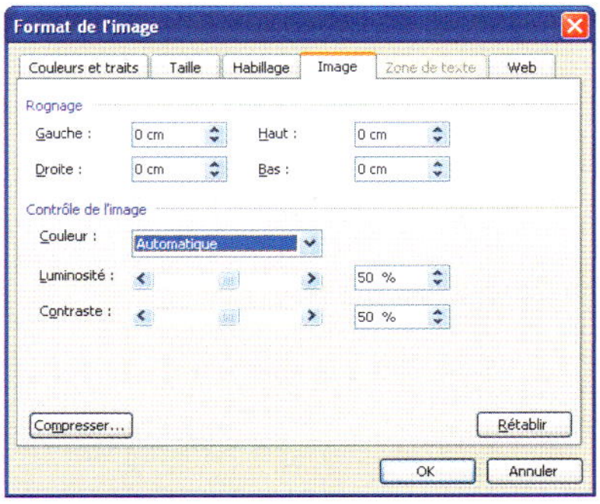

Par les outils

En utilisant les outils, vous visualisez tout de suite l'effet produit sur l'image.

1. Sélectionnez l'image en cliquant dessus.
2. Dans la barre d'outils Image, cliquez sur :
   - Couleur pour transformer les couleurs en noir et blanc, nuances de gris ou **filigrane**.
   - Contraste plus accentué.
   - Contraste moins accentué.
   - Luminosité plus accentuée.
   - Luminosité moins accentuée.
   - Style de trait : pour encadrer l'image.
   - Pour rétablir les caractéristiques d'origine de l'image, cliquez sur l'icône Réinitialiser l'image.

On choisit Filigrane lorsqu'on veut rendre les couleurs d'une image pratiquement transparentes, notamment pour mettre l'image derrière le texte. Une fois cette sélection effectuée, vous pouvez encore diminuer ou augmenter le contraste et/ou la luminosité.

2 Supprimer une image

Finalement, l'image insérée ne vous convient pas ? N'ayez crainte, il est très facile de la supprimer. Sélectionnez l'image en cliquant dessus, puis appuyez sur la touche Suppr du clavier.

Insérez une ou deux images dans votre recette de tarte aux pommes caramélisées.

Exercice N°13

Tarte aux pommes caramélisées

✓ <u>Préparation</u> : 20 minutes
✓ <u>Cuisson</u> : 30 minutes

<u>INGREDIENTS</u> :

Pour 4 personnes

- *1 kg de pommes*
- *le jus d'un citron*
- *70 g de beurre*
- *70 g de sucre en poudre*
- *200 g de pâte brisée (fraîche ou surgelée)*

1) Pelez les pommes. Coupez-les en deux, ôtez les cœurs. Découpez les pommes en tranches épaisses et citronnez-les. Préchauffez le four à 210°C (th. 7).

2) Prenez un moule à manqué antiadhésif de 22 cm de diamètre. Répartissez dans le fond le beurre coupé en très petits morceaux. Saupoudrez de sucre.

3) Rangez par-dessus les tranches de pommes. Etalez la pâte et posez-la sur les pommes. Piquez légèrement la pâte pour éviter qu'elle gonfle.

4) Rentrez bien les bords de la pâte entre les pommes et le bord du moule. Enfournez durant 30 min. En fin de cuisson, éteignez le four, entrouvrez la porte et laissez reposer 15 min avant de retourner sur un plat.

ASTUCES
Tours de main

➢ Pour obtenir une garniture compacte sur la pâte, coupez les quartiers de fruits en triangles : ils s'emboîtent mieux les uns dans les autres.

➢ Avant de placer les fruits dans le moule, faites-les cuire au four avec un mélange de 30 g de beurre et 1 cuillerée à soupe de sucre.

➢ Pour encore plus de saveur, ajoutez au sucre en poudre un sachet de sucre vanillé, ou, si vous en aimez le goût, une petite pincée de cannelle en poudre.

Et ma ligne ?
365 kcal/pers
Glucides .... 37,61 g
...les 22,60
.... 5

RÉALISER UN DESSIN

13

Word offre la possibilité d'insérer des zones de texte ainsi que des formes que vous positionnerez n'importe où sur la page. Vous pouvez aussi les déplacer et les redimensionner à tout moment. Ces objets vont enrichir vos textes grâce à un grand choix de formes et de couleurs.

On nomme objets des formes ou des dessins qui ont été ajoutés au texte et qu'on peut manipuler, déplacer et redimensionner facilement avec un simple glissement de souris.

INSÉRER UNE ZONE DE TEXTE OU UNE FORME

Une zone de texte ou une forme a l'avantage de pouvoir être placée n'importe où sur la page. De plus, vous pouvez changer sa forme ainsi que ses couleurs quand vous le souhaitez.

Par défaut, Word génère une zone de dessin à chaque insertion de zone de texte ou de forme. Pour désactiver l'insertion automatique de cette zone :

1. Cliquez sur le menu Outils et choisissez-y la commande Options.

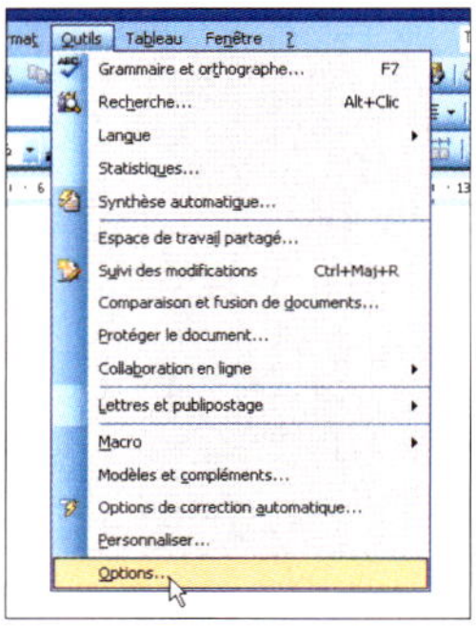

2. Cliquez sur l'onglet Général de la boîte de dialogue Options.
3. Décochez la case Créer automatiquement des zones de dessin lors de l'insertion de formes automatiques, puis validez.

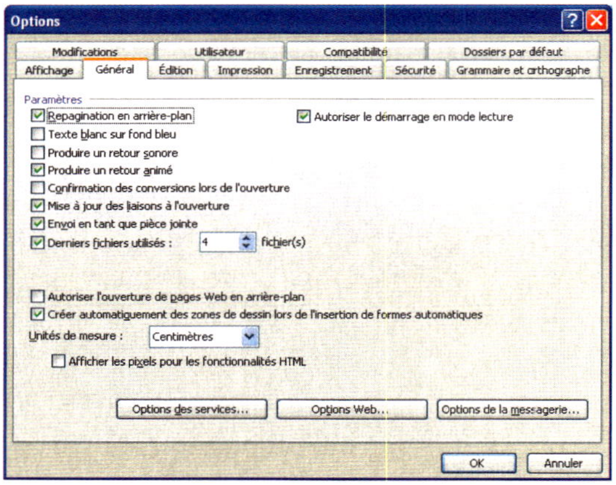

1 Insérer une zone de texte

Une zone de texte peut être ajoutée n'importe où sur la page, y compris dans les marges.

Insérer une zone de texte comprenant du texte

Vous pouvez transformer du texte déjà saisi dans le document. Pour cela, vous utiliserez une commande de menu ou une icône dans la barre d'outils Dessin.

Par le menu

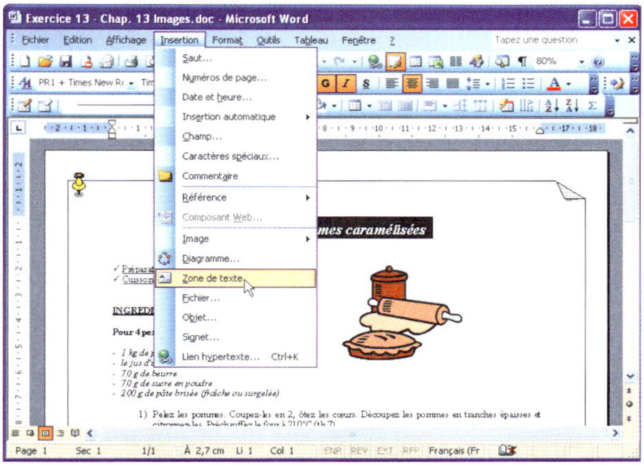

1. Sélectionnez le texte à placer dans la zone de texte.
2. Lancez la commande Zone de texte dans le menu Insertion.
3. La zone de texte est créée. Elle contient le texte préalablement sélectionné.

Par les outils

La barre d'outils Dessin regroupe tous les outils nécessaires pour créer et modifier les zones de texte.

1. Affichez la barre d'outils Dessin (voir au Chapitre 1 la section « Afficher/masquer une barre d'outils »). En général, cette barre d'outils s'affiche en bas de l'écran.
2. Cliquez sur l'outil Zone de texte  .
3. La zone de texte est créée. Elle contient le texte préalablement sélectionné.

Insérer une zone de texte vierge

Vous pouvez créer une zone de texte vide et ensuite saisir votre texte dans cette zone.
Comme vous l'avez vu précédemment, la zone de texte peut être créée en utilisant le menu ou les outils.

1. Avant de créer la zone de texte, vérifiez qu'il n'y a pas de texte sélectionné.

2. Cliquez sur le menu Insertion, puis sur la commande Zone de texte, ou cliquez sur l'outil Zone de texte de la barre d'outils Dessin . Le pointeur de la souris change de forme : + .
3. Cliquez-glissez en diagonale à l'endroit où vous souhaitez insérer la zone de texte, jusqu'à ce que la taille du cadre convienne.
4. La zone de texte est créée et le point d'insertion est positionné à l'intérieur. Vous pouvez commencer la saisie.

2 Insérer une forme

Comme les zones de texte, les formes peuvent être positionnées n'importe où sur la page. Dans la barre d'outils Dessin, vous allez trouver tous les outils nécessaires pour insérer ces formes : Trait, Flèche, Rectangle, Ellipse. Vous obtiendrez des formes supplémentaires, en cliquant sur Formes automatiques.

1. Cliquez sur l'outil correspondant à la forme que vous souhaitez insérer. Si la forme n'est pas disponible, cliquez sur Formes automatiques, déplacez le pointeur sur une des catégories proposées, puis cliquez dans le sous-menu de droite sur la forme désirée.

   Le pointeur de la souris change de forme : + .
2. Cliquez-glissez à l'endroit où vous souhaitez insérer la forme, jusqu'à ce que sa taille vous convienne.

Le texte de votre document s'équilibre automatiquement autour de la forme, selon l'habillage choisi (voir au Chapitre 12 l'atelier « Changer la taille, habiller et déplacer l'image »).

Pour créer des formes régulières (des carrés avec l'outil Rectangle, des cercles avec l'outil Ellipse, des traits droits avec l'outil Trait), maintenez la touche Maj enfoncée lorsque vous cliquez-glissez pour dessiner la forme.

MODIFIER/SUPPRIMER UNE ZONE DE TEXTE OU UNE FORME

Les zones de texte ou les formes peuvent être déplacées ou redimensionnées. Vous pouvez aussi modifier les couleurs, les bordures, les formes, jusqu'à obtenir l'effet désiré.

1 Sélectionner une zone de texte ou une forme

Avant d'effectuer une opération sur une zone de texte ou sur une forme, vous devez la sélectionner.

Cliquez à l'intérieur de la zone de texte ou de la forme.

Des petits ronds blancs (poignées) apparaissent autour de la zone de texte ou de la forme.

2 Déplacer une zone de texte ou une forme

Les zones de texte ou les formes peuvent être déplacées n'importe où sur la page, il suffit de les faire glisser avec la souris.

1. Sélectionnez la zone de texte ou la forme : placez le pointeur sur l'un des côtés, en prenant soin de ne pas pointer sur une des poignées.

   Le pointeur change de forme :  .

2. Cliquez-glissez jusqu'au nouvel emplacement.

3 Redimensionner une zone de texte ou une forme

Les zones de texte ou les formes peuvent être redimensionnées à tout moment.

Par le menu

Si vous souhaitez donner à ces objets une dimension bien précise, utilisez le menu.

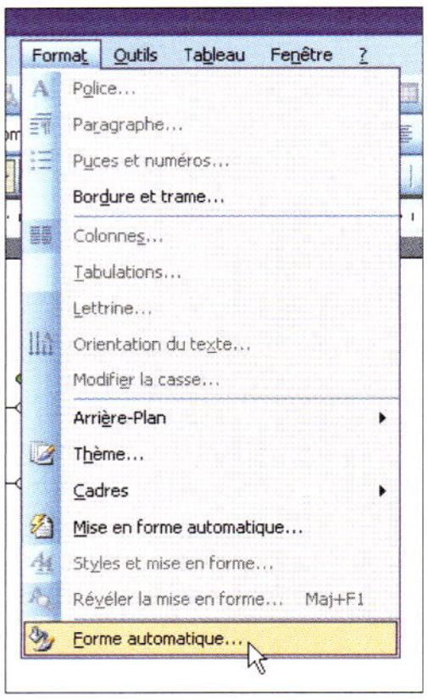

1. Sélectionnez la zone de texte ou la forme.
2. Cliquez sur le menu Format, puis sur Zone de texte ou Forme automatique (selon l'objet sélectionné).

   Une boîte de dialogue apparaît, cliquez sur l'onglet Taille.

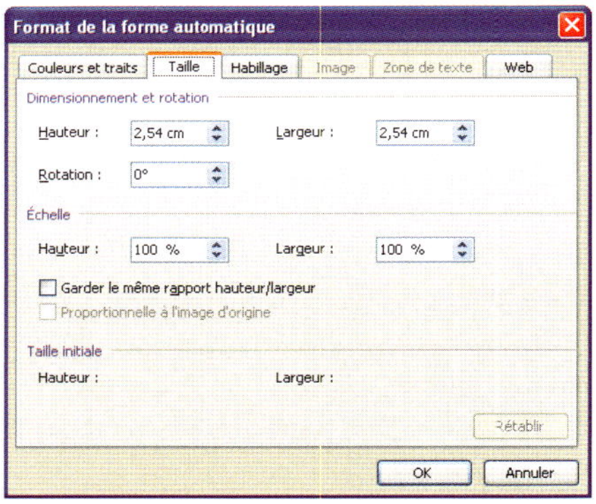

3. Saisissez une valeur dans Largeur ou Hauteur de la zone Dimensionnement et rotation ou dans la zone Echelle, puis validez.

Par la souris

Si vous appréciez l'utilisation de la souris, vous emploierez cette méthode :

1. Sélectionnez la zone de texte ou la forme.
2. Positionnez le pointeur sur une des poignées.

   Le pointeur change de forme :  .
3. Cliquez-glissez pour définir les nouvelles dimensions.

4 Modifier la forme d'un objet

Lorsque vous avez inséré une zone de texte ou un objet, il vous est possible de changer sa forme autant de fois que vous le souhaitez.

1. Sélectionnez la zone de texte ou la forme.
2. Dans la barre d'outils Dessin, cliquez sur Dessiner, puis déplacez le pointeur sur Modifier la forme.
3. Dans le sous-menu qui s'affiche, choisissez la catégorie puis la forme désirée.
4. L'objet sélectionné prend aussitôt cette nouvelle forme.

5 Supprimer une zone de texte ou une forme

Les zones de texte et les formes peuvent être facilement supprimées. Le texte entourant ces objets reprend alors automatiquement sa place.

Supprimer une zone de texte

La zone de texte ne vous convient pas ? Vous pouvez la supprimer facilement.

1. Sélectionnez la zone de texte.
2. Positionnez le pointeur sur l'un des côtés de la zone de texte, en prenant soin de ne pas pointer sur une des poignées, ou appuyez sur la touche Echap.
3. Appuyez sur la touche Suppr.

Supprimer une forme

Sélectionnez la forme à supprimer, puis appuyez sur la touche Suppr du clavier.

MODIFIER LES COULEURS D'UN OBJET

La plupart des objets se composent de deux éléments : le contour et le remplissage. Vous avez la possibilité de mettre en forme séparément chacun de ces deux éléments.

1 Modifier le contour

Vous pouvez modifier le contour de vos objets en utilisant une commande de menu ou simplement la barre d'outils Dessin.

Avec le menu

Vous trouverez dans la boîte de dialogue toutes les options nécessaires pour modifier le contour de vos objets.

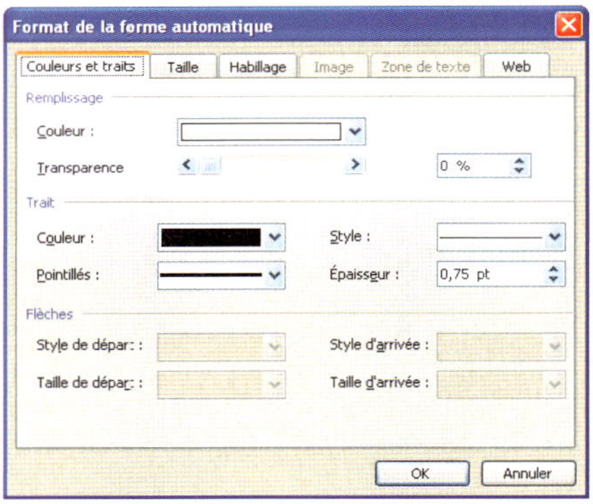

1. Sélectionnez l'objet.
2. Lancez la commande Zone de texte ou Forme automatique (selon l'objet sélectionné) dans le menu Format.

   Une boîte de dialogue apparaît.
3. Cliquez sur l'onglet Couleurs et traits.
4. Dans la zone Trait, choisissez la couleur, le style de ligne et l'épaisseur, puis validez.

Avec la barre d'outils Dessin

Vous disposez de plusieurs outils pour modifier le contour des objets.

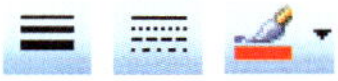 Après avoir sélectionné l'objet, cliquez sur les outils Style de trait, Style de ligne et Couleur du contour dans la barre d'outils Dessin.

2 Appliquer une couleur ou des effets de remplissage

Word offre un grand choix au niveau des couleurs de remplissage. En les utilisant, vous rendrez vos objets encore plus attrayants.

Par le menu

Le menu réunit toutes les options nécessaires pour modifier les couleurs de remplissage de vos objets.

1. Sélectionnez l'objet.
2. Lancez la commande Zone de texte ou Forme automatique (selon l'objet sélectionné) dans le menu Format.

   Une boîte de dialogue apparaît. Cliquez sur l'onglet Couleurs et traits.
3. Dans la zone Remplissage, déroulez la liste Couleur et choisissez :

   Une couleur. En sélectionnant une des couleurs proposées.

   Autres couleurs. Une boîte de dialogue apparaît. Cliquez sur l'onglet Standard et sélectionnez la couleur choisie.

   Motifs et textures. Une boîte de dialogue apparaît. Cliquez sur l'onglet :

   - Dégradé :
     Choisissez le type de dégradé (Unicolore, Bicolore, Prédéfini), puis sélectionnez les couleurs dans les listes correspondantes.
     Sélectionnez l'orientation du dégradé dans la zone Type de dégradé, puis une des options correspondant au type choisi dans la zone Variantes.
     La zone Exemple évolue au fur et à mesure de vos choix et affiche une représentation de votre dégradé.
     Validez en cliquant deux fois sur OK.

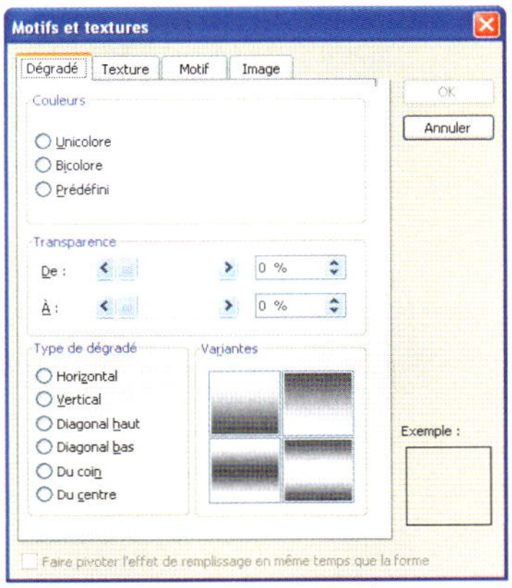

• Texture : choisissez une des textures proposées et validez en cliquant deux fois sur OK.

• Motif : choisissez une couleur de premier plan et d'arrière-plan, puis sélectionnez le motif voulu. Validez en cliquant deux fois sur OK.

• Image : cliquez sur Sélectionner une image. Une boîte de dialogue apparaît. Ouvrez le dossier dans lequel se trouve l'image, puis double-cliquez sur l'image choisie, ou sélectionnez l'image et cliquez sur Insérer. Validez en cliquant deux fois sur OK.

Par la barre d'outils Dessin

Avec la barre d'outils Dessin, vous pouvez modifier rapidement les couleurs de remplissage.

1. Sélectionnez l'objet.
2. Cliquez sur la flèche associée à l'outil Couleur de remplissage dans la barre d'outils Dessin.
3. Sélectionnez une des couleurs proposées ou cliquez sur Autres couleurs ou sur Motifs et textures, puis procédez comme cela a été indiqué dans la section précédente.

3 Ajouter un ombrage à un objet

En plus de l'effet produit par le remplissage, vous pouvez ajouter une ombre à votre objet.

Après avoir sélectionné l'objet, cliquez sur l'icône Style Ombre dans la barre d'outils Dessin, puis choisissez le style d'ombre voulu.

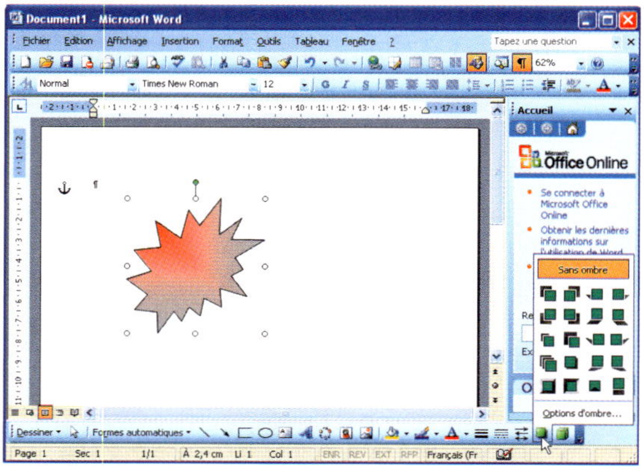

Pour modifier l'ombrage choisi, cliquez sur l'icône Style Ombre, puis sur Options d'ombre. Une nouvelle barre d'outils apparaît. Utilisez l'outil que vous souhaitez pour personnaliser l'ombrage de l'objet : Afficher/masquer l'ombre, Déplacer l'ombre vers le haut, Déplacer l'ombre vers le bas, Déplacer l'ombre vers la gauche, Déplacer l'ombre vers la droite.

Dans la recette de la tarte aux pommes caramélisées, vous voulez attirer l'attention sur les calories : à l'aide de la barre d'outils Dessin, insérez le texte « Et ma ligne ? » dans une zone de texte. Pensez à mettre un espace insécable devant le point d'interrogation, pour éviter qu'il ne passe à la ligne suivante. Vous pourrez ensuite modifier la forme de cette zone de texte et faire votre choix dans les formes automatiques.

Exercice N°14

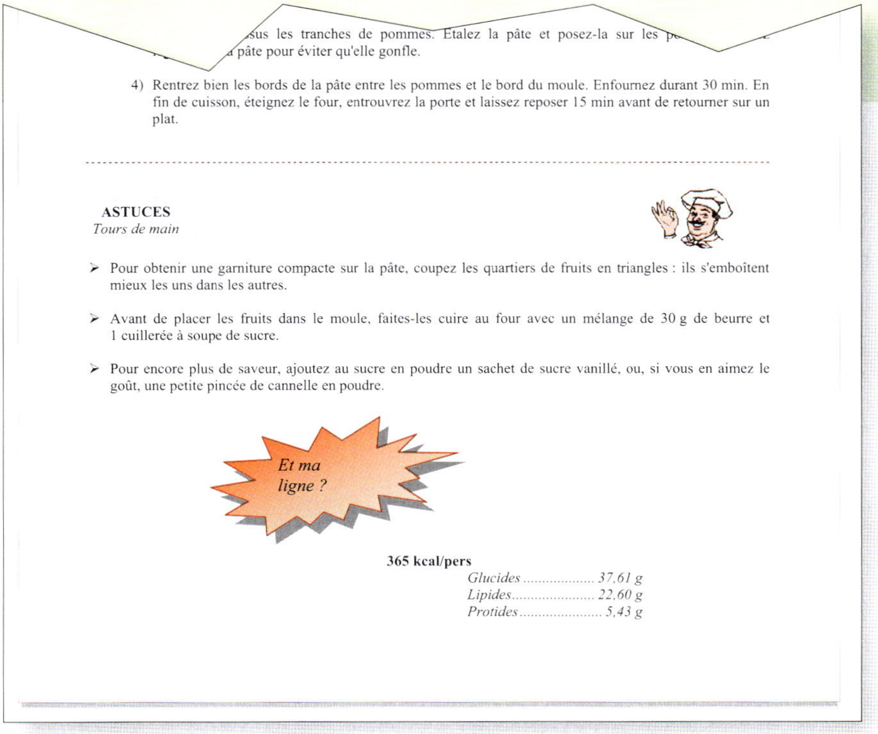
sus les tranches de pommes. Etalez la pâte et posez-la sur les p
pâte pour éviter qu'elle gonfle.

4) Rentrez bien les bords de la pâte entre les pommes et le bord du moule. Enfournez durant 30 min. En fin de cuisson, éteignez le four, entrouvrez la porte et laissez reposer 15 min avant de retourner sur un plat.

ASTUCES
Tours de main

- Pour obtenir une garniture compacte sur la pâte, coupez les quartiers de fruits en triangles : ils s'emboîtent mieux les uns dans les autres.
- Avant de placer les fruits dans le moule, faites-les cuire au four avec un mélange de 30 g de beurre et 1 cuillerée à soupe de sucre.
- Pour encore plus de saveur, ajoutez au sucre en poudre un sachet de sucre vanillé, ou, si vous en aimez le goût, une petite pincée de cannelle en poudre.

Et ma ligne ?

365 kcal/pers
Glucides .... 37,61 g
Lipides .... 22,60 g
Protides .... 5,43 g

TEXTE FANTAISIE AVEC WORDART

WordArt est une application qui permet de donner à votre texte des formes artistiques, impossibles à obtenir à l'aide des options classiques de mise en forme.

1 *Insérer un objet WordArt*

Pour insérer un texte avec WordArt, vous pouvez utiliser le menu Insertion ou la barre d'outils Dessin.

1. Dans le menu Insertion, lancez la commande Image/WordArt, ou cliquez sur l'outil Insérer un objet WordArt  dans la barre d'outils Dessin.

   Cette commande provoque l'affichage de la boîte de dialogue Galerie WordArt.

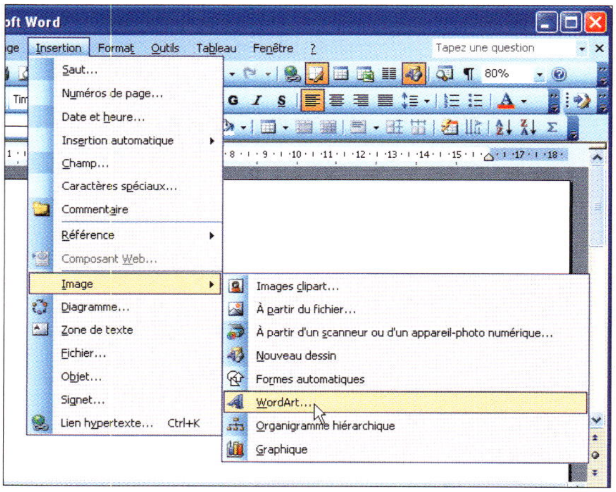

2. Choisissez un des effets proposés, puis validez.

   La boîte de dialogue Modification du texte WordArt apparaît.

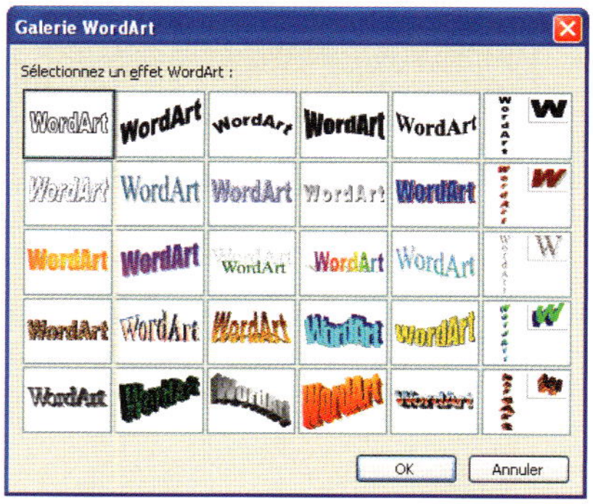

3. Saisissez votre texte, puis validez.

4. Le texte saisi apparaît sur la page, au niveau du point d'insertion, et la barre d'outils WordArt s'affiche.

Si le texte sur lequel vous souhaitez réaliser des effets spéciaux avec WordArt est déjà saisi, il vous suffit de le sélectionner avant de dérouler le menu Insertion ou de cliquer sur l'outil Insérer un objet WordArt de la barre d'outils Dessin. Celui-ci apparaîtra automatiquement dans la boîte de dialogue Modification du texte WordArt.

2 Modifier le style

Lorsque le texte est inséré, vous pouvez modifier l'effet choisi très rapidement :

1. Sélectionnez l'objet WordArt en cliquant dessus.
2. Cliquez sur l'outil Galerie WordArt de la barre d'outils WordArt.

   La boîte de dialogue Galerie WordArt apparaît.
3. Cliquez sur l'effet désiré, puis validez.

3 Modifier la forme

Lorsque le style a été choisi, il est encore possible de modifier la forme :

1. Sélectionnez l'objet WordArt en cliquant dessus.
2. Cliquez sur l'outil Forme WordArt dans la barre d'outils WordArt.
3. Cliquez sur la forme voulue. Le texte prend aussitôt cet aspect.

4 Modifier le texte

Le texte peut être modifié à tout moment, tout en conservant le style et la forme choisis.

1. Double-cliquez sur l'objet ou cliquez sur le bouton Modifier le texte dans la barre d'outils WordArt.

   La boîte de dialogue Modification du texte WordArt apparaît.
2. Effectuez les modifications sur le texte.
3. Choisissez une nouvelle police dans la liste déroulante Police.
4. Cliquez sur les boutons G et I pour mettre les caractères en gras ou en italique.
5. Validez.

5 Modifier la couleur du texte

Si les teintes d'origine ne vous conviennent pas, vous disposez d'une grande palette de couleurs pour faire vos choix.

1. Sélectionnez l'objet WordArt en cliquant dessus.
2. Cliquez sur l'outil Format de l'objet WordArt dans la barre d'outils WordArt.

Une boîte de dialogue apparaît.

3. Sélectionnez l'onglet Couleurs et traits.
4. Dans la zone Remplissage ou dans la zone Trait, déroulez la liste Couleur, puis choisissez une couleur, ou cliquez sur Autres couleurs ou sur Motifs et textures. (Si nécessaire, consultez la section « Appliquer une couleur ou des effets de remplissage » dans ce même chapitre.)

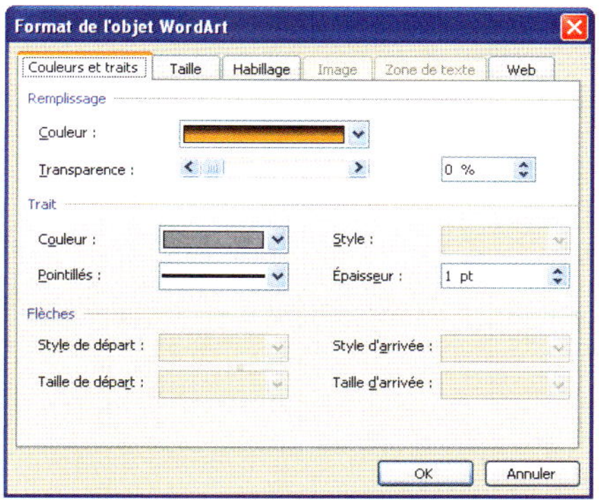

6 Alignement du texte

Lorsque le texte WordArt est saisi sur plusieurs lignes, il est centré par défaut. Vous pouvez modifier cet alignement. Cliquez sur l'outil Alignement WordArt, puis choisissez une option d'alignement dans le menu déroulant qui apparaît.
Pour modifier l'alignement vertical, cliquez sur l'outil Texte vertical dans la barre d'outils WordArt.

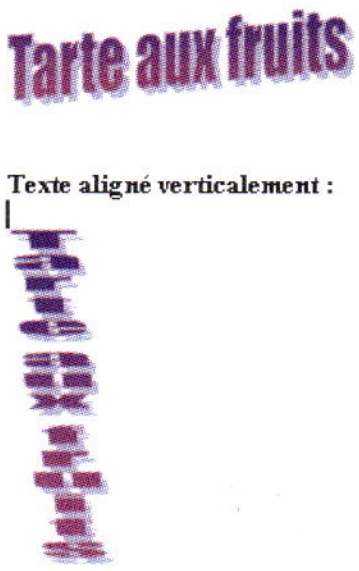

7 Espacement des caractères

L'espacement entre les caractères peut être modifié en cliquant sur l'outil Espacement des caractères WordArt AV. Choisissez l'espacement dans le menu déroulant qui apparaît.

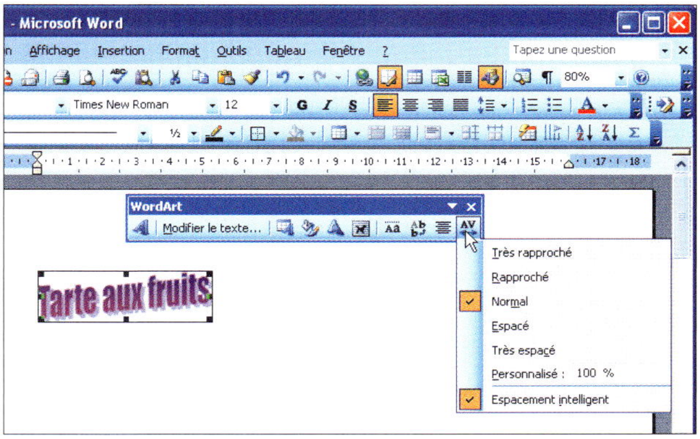

8 Taille et déplacement de l'objet WordArt sur la page

Comme pour les différentes formes ou les images, les objets WordArt peuvent être redimensionnés ou déplacés. Il est également possible d'effectuer une rotation ou un retournement sur le texte WordArt.

Redimensionner l'objet

Le texte WordArt peut être redimensionné avec la souris.

1. Sélectionnez l'objet WordArt en cliquant dessus.

   Des poignées apparaissent sur les côtés et dans les coins de l'objet.

2. Déplacez le pointeur sur une de ces poignées. Il se transforme en une double flèche verticale, horizontale ou oblique.
3. Cliquez-glissez pour redimensionner.

Déplacer l'objet

Le texte WordArt peut être déplacé horizontalement avec la barre d'outils Mise en forme.

1. Sélectionnez l'objet WordArt en cliquant dessus.
2. Déplacez horizontalement le texte WordArt en cliquant sur les outils d'alignement de la barre d'outils Mise en forme (voir au Chapitre 6 l'atelier « Modifier l'alignement des paragraphes »).

Si vous souhaitez déplacer l'objet WordArt n'importe où dans le document, y compris dans les marges, vous devez faire un habillage de texte :

1. Cliquez sur l'outil Habillage du texte  de la barre d'outils WordArt, puis cliquez sur l'habillage désiré ou lancez la commande WordArt du menu Format.

   Une boîte de dialogue apparaît.

2. Cliquez sur l'onglet Habillage.
3. Sélectionnez l'habillage voulu, puis validez.

   Des ronds blancs (des poignées) apparaissent autour de l'objet WordArt.

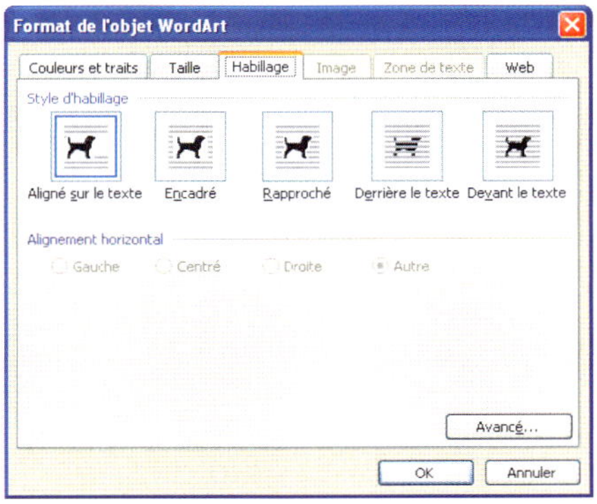

4. Déplacez le pointeur sur l'objet, il change de forme.

5. Cliquez-glissez jusqu'au nouvel emplacement.
6. Déplacez le pointeur sur une de ces poignées, il se transforme en une double flèche verticale, horizontale ou oblique.
7. Cliquez-glissez pour redimensionner.

Rotation de l'objet WordArt

Ce procédé vous permet de réorienter le texte WordArt dans n'importe quel sens en utilisant la souris :

1. Sélectionnez l'objet WordArt en cliquant dessus.

   Après avoir fait un habillage de texte, une poignée ronde de couleur verte apparaît au-dessus de l'objet.

2. Positionnez le pointeur sur cette poignée de rotation : il prend la forme d'une flèche circulaire.
3. Cliquez-glissez pour faire pivoter le texte.

Transformez le titre de la recette Tarte aux pommes caramélisées en texte WordArt.

Exercice N°15

Tarte aux pommes caramélisées

✓ Préparation : 20 minutes
✓ Cuisson : 30 minutes

INGREDIENTS :

Pour 4 personnes

- *1 kg de pommes*
- *le jus d'un citron*
- *70 g de beurre*
- *70 g de sucre en poudre*
- *200 g de pâte brisée (fraîche ou surgelée)*

1) Pelez les pommes. Coupez-les en deux, ôtez les cœurs. Découpez les pommes en tranches épaisses et citronnez-les. Préchauffez le four à 210°C (th. 7).

2) Prenez un moule à manqué antiadhésif de 22 cm de diamètre. Répartissez dans le fond le beurre coupé en très petits morceaux. Saupoudrez de sucre.

3) Rangez par-dessus les tranches de pommes. Etalez la pâte et posez-la sur les pommes. Piquez légèrement la pâte pour éviter qu'elle gonfle.

4) Rentrez bien les bords de la pâte entre les pommes et le bord du moule. Enfournez durant 30 min. En fin de cuisson, éteignez le four, entrouvrez la porte et laissez reposer 15 min avant de retourner sur un plat.

ASTUCES
Tours de main

- Pour obtenir une garniture compacte sur la pâte, coupez les quartiers de fruits en triangles : ils s'emboîtent mieux les uns dans les autres.
- Avant de placer les fruits dans le moule, faites-les cuire au four avec un mélange de 30 g de beurre et 1 cuillerée à soupe de sucre.
- Pour encore plus de saveur, ajoutez au sucre en poudre un sachet de sucre vanillé, ou, si vous en aimez le goût, une petite pincée de cannelle en poudre.

365 kcal/pers

Glucides .... *37,61 g*
Lipides .... *22,60 g*
Protides .... *5,43 g*

MISE EN PAGE ET IMPRESSION

14

Voilà, vous touchez au but ! Vous allez pouvoir imprimer votre document et voir ainsi pour de bon le fruit de votre travail. Plusieurs possibilités vous sont offertes. Vous pouvez :

- ***éditer votre document sur une page orientée verticalement ou horizontalement ;***
- ***modifier la distance entre le bord de la page et votre texte ;***
- ***choisir la ou les pages et le nombre d'exemplaires à imprimer.***

MISE EN PAGE

Par défaut, Word imprime votre document sur une feuille en orientation verticale, en laissant des marges de 2,5 cm entre votre texte et les différents bords de la feuille.

Pour modifier cette orientation et ces marges par défaut :

1. Lancez la commande Mise en page dans le menu Fichier.

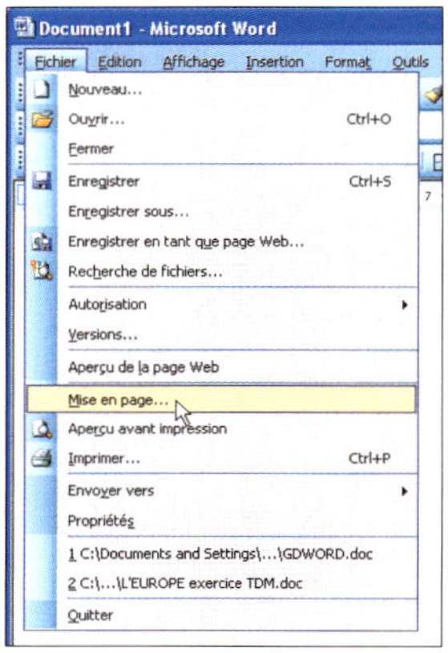

2. Cliquez sur l'onglet Marges, puis définissez vos marges Haut, Bas, Gauche ou Droite.
3. Dans la zone Orientation, choisissez Portrait pour imprimer la feuille dans le sens vertical, ou Paysage pour l'imprimer dans le sens horizontal.

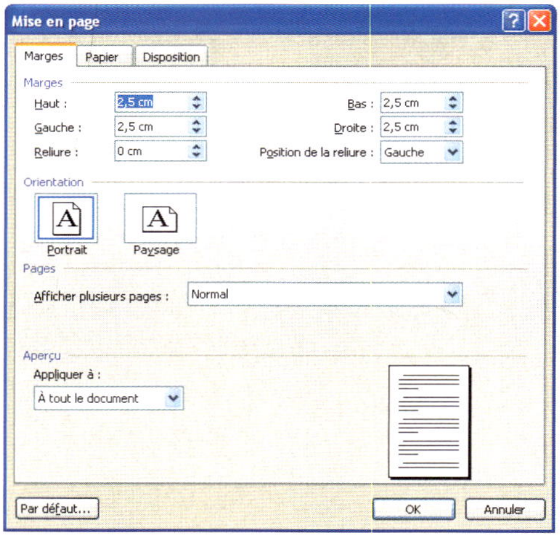

IMPRESSION

1 Aperçu avant impression

Avant d'imprimer votre document, il est utile de pouvoir visualiser à l'écran ce que vous obtiendrez à l'impression.

1. Dans le menu Fichier, choisissez la commande Aperçu avant impression ou cliquez sur l'icône Aperçu avant impression dans la barre d'outils Standard.

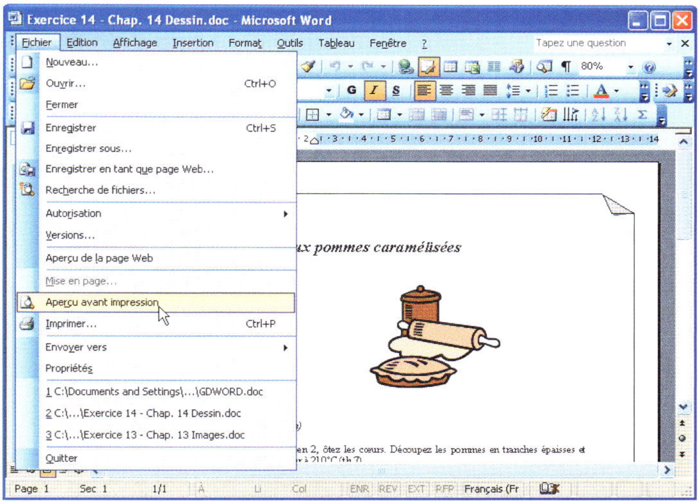

2. La page entière apparaît sur l'écran. Remarquez la barre d'outils de l'aperçu dans sa partie supérieure.

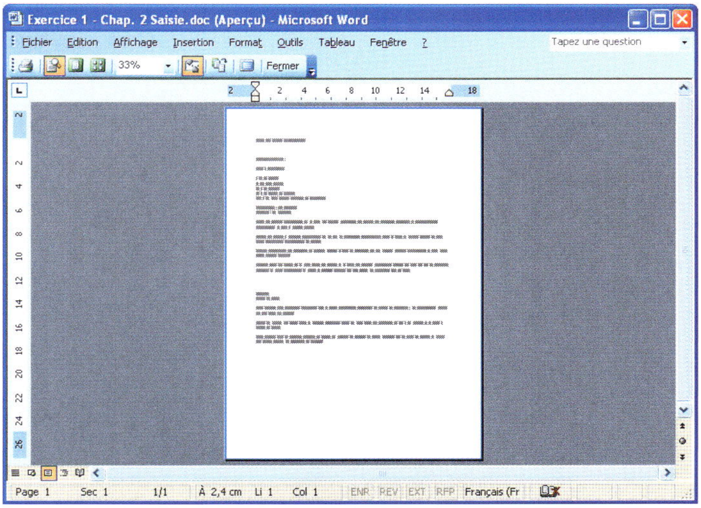

Voyons maintenant quelques-unes des possibilités du mode Aperçu avant impression.

Afficher une ou plusieurs pages

Pour afficher la page dans laquelle se trouve le point d'insertion, cliquez sur l'icône Une page .
Pour afficher plusieurs pages, cliquez sur l'icône Afficher plusieurs pages et cliquez-glissez sur la grille qui apparaît en dessous pour déterminer le nombre de pages à visualiser.

Modifier le texte en mode Aperçu

Il est possible de travailler sur votre document en mode Aperçu avant impression. La saisie de texte ainsi que toutes les manipulations de base peuvent être effectuées en utilisant la barre des menus, mais ce que vous allez faire le plus couramment, c'est modifier la disposition du texte sur la page en ajoutant ou en supprimant des lignes :

1. Choisissez le zoom approprié.
2. Cliquez sur l'icône Loupe . Le pointeur reprend sa forme normale.
3. Cliquez à l'endroit voulu et faites vos modifications.

Ajuster le texte

Vous pouvez ajuster la taille du texte pour réduire le nombre de pages. Cliquez sur l'icône Ajuster , Word adapte la taille des caractères.

Quitter le mode Aperçu

Fermer Cliquez sur le bouton Fermer.

2 Impression

Pour imprimer toutes les pages de votre document sur l'imprimante connectée, sans faire de choix particulier, cliquez sur l'icône Imprimer  .

Si vous voulez choisir une imprimante, imprimer plusieurs exemplaires ou n'imprimer qu'une partie du texte, lancez la commande Imprimer dans le menu Fichier. Une boîte de dialogue apparaît.

Modifiez le contenu de cette boîte de dialogue comme suit :

1. Sélectionnez l'imprimante à utiliser dans la liste déroulante Nom.
2. Saisissez le nombre d'exemplaires à imprimer dans la zone Nombre de copies.

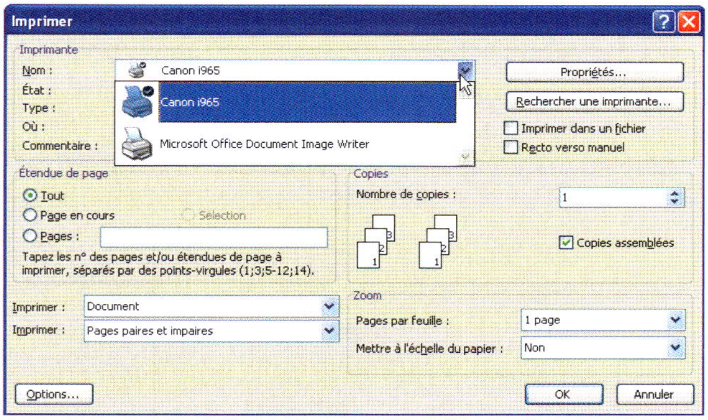

Désactivez (éventuellement) la case Copies assemblées. Dans le cas d'une impression multicopie de plusieurs pages, Word imprimera tous les exemplaires de la première page, puis ceux de la deuxième page, etc. Si la case est cochée, Word imprimera toutes les pages du premier exemplaire, puis toutes celles du deuxième exemplaire, etc.

3. Dans la zone Plusieurs pages, choisissez :
   - Tout pour imprimer toutes les pages du document ;
   - Page en cours pour imprimer la page dans laquelle se trouve le point d'insertion ;
   - Sélection pour n'imprimer que la partie du texte qui était sélectionnée avant de lancer la commande ;
   - Pages pour choisir les pages que vous souhaitez imprimer.
     Dans ce cas, saisissez les numéros de page séparés par des points-virgules. Vous pouvez également imprimer des groupes de pages en tapant le numéro de la première et de la dernière page à imprimer, séparés par un tiret.
     Par exemple : 3;5-8;10 pour imprimer les pages 3, 5, 6, 7, 8 et 10. Ou : 1-5;9 pour imprimer les pages 1 à 5 et la page 9.
4. Dans la zone Zoom, choisissez dans la liste déroulante Pages par feuille le nombre de pages à imprimer sur chaque feuille.
5. Validez en cliquant sur OK. Dans quelques secondes, vous aurez votre document entre les mains !